第一ペトロ書を読む

釈義と説教

石田 学

新教出版社

装丁　渡辺美知子

まえがき

本書は、二〇一九年一二月一日（待降節第一主日）から、二〇二〇年四月一二日（復活祭）までの、説教準備のための聖書の学び（釈義）と、それに基づく説教を対にして収録したものです。本のスタイルとしては、二〇一八年刊行の『エフェソ書を読む』と同じです。本書の釈義も、エフェソ書の場合と同様、聖書学者の専門的な釈義ではなく、牧師が説教準備のためにおこなう釈義です。そのため、幾つもの注解書、研究書の恩恵を受けましたが、脚注などは付けていません。

わたしは日本ナザレン神学校で説教学の講座を受け持たせていただいています。それと同時に、もっと以前から新約聖書釈義の講座も担当してきました。説教学を担当するようになってからは、この二つの講座を連動させ、新約釈義で扱う文書の釈義を学生にしてもらい、その釈義に基づく説教を説教学の課題としてきました。そして、説教学の授業で実際に説教してもらい、講評をおこなってきました。牧師や神学生の中には、釈義なしに説教をする人、釈義を試みるが難しくてうまくできないという方がおられます。おそらく、二つの理由があるのでしょう。忙しすぎてその時間がないという理由、もう一つは釈義をするという場合の基準の設定が高すぎることです。だから難しく感じるのでしょう。説教のための本文の学びは、専門的な知識と技術なしに、牧師は注解書などの手助けを得ながら、自分なりの本文の学びができるはずです。また、それをしなければなりません。この聖書の学びを牧師が心から楽しみ、その過程で得た洞察と発見を喜び、自ら感動することなしには、会衆の心と信仰を揺り動かす説教にはならないことが多いように思います。その意味で、本書が多くの方に模範ではなく見本となるなら、わたしにとって嬉しいことです。

わたしの牧してきた教会では、聖書朗読は旧約と新約を読みます。そこで、説教テキストの一ペトロ書だけでなく、その日の礼拝で朗読された旧約聖書も掲載しました。説教の中で旧約箇所への言及はなくても、教会が旧・新約聖書をとおして、その信仰的な伝統の拡がりを理解してきたことを、礼拝において表現するためです。

本書の釈義は説教準備をおもな目的としていますが、わたし個人としては、それ以前に、聖書を学び、不思議や疑問に思われることの意味を見出し、新たな洞察と理解に心動かされることを、何よりの楽しみとしています。見出したものを、喜びをもって会衆と分かち合うこと。それが説教者として何にもまして嬉しいことだと実感させられています。優れた説教者・説教集は多くあります。本書はその足元にも及ばないかもしれませんが、本書を通して説教者の喜びと感動を分かち持っていただければ、何よりです。

目次

目　次

序論

この手紙の背景にあるのは、ローマ帝国の辺境の地、キリスト教徒がマイノリティ中のマイノリティの社会で生きている信仰者の現実である。社会の在り方がキリスト教の世界観、価値観と大きく異なり、地域の習俗や風習がキリスト教を異質なものとみなす世界にキリスト教が伝えられ、ごく少数のキリスト教徒が存在している。そこで起きているのは、キリスト信仰を抱くゆえに向けられる悪意、中傷、誹謗、非難といった迫害である。この手紙は、キリスト者であるというだけで不当な試練を体験し、困惑して動揺している信仰者に対して、その現実をどう理解し、どのような確信を抱くべきかを、明確に、力強く告げ知らせる。この手紙はその意味で、キリスト者がマイノリティである現代日本の信仰者にとって大きな意味を持つ文書であることは間違いない。

わたしたちはここでは手紙の著者問題を扱うことはしない。著者問題については専門の研究者の議論に譲ることとして、わたしたちは手紙の送り主を手紙に基づいて「ペトロ」と表記して、解釈を進めてゆくこととする。

1・1〜2

1節

手紙の最初の挨拶部分である。使徒時代の手紙の形式に沿って、はじめに手紙の差出人を主格で示す。「イエス・キリストの使徒ペトロから」。ペトロが「イエス・キリストの使徒」であるという単純明快な事実が示されるだけで、それ以上の装飾も説明もいっさい付け加えられていない。ペトロが使徒であることは全キリスト教会に知られていることが前提とされている。しかし、「使徒」という言葉自体に、最高度の権威が付されていることもまた事実である。パウロの場合、使徒性が疑問視されたことから、自身の立場を説明する必要に迫られていた。ペトロの場合、彼が使徒であるということは疑いようのない事実であり、「使徒」という称号を示すだけで充分である。

手紙の形式に則って与格で表現される受取人は、いっそう多くのことを物語る。「ポントス、ガラテヤ、カパドキア、アジア、ビティニアの各地に離散し、滞在している選ばれた人たち」へ。直訳は「選ばれた仮住まいの離散者たち」が手紙の受取人であり、彼らが今どこにいるかが属格で説明される。「ポントス、ガラテヤ、カパドキア、アジア、ビティニアの」と。「離散者（ディアスポラ）」は、郷里を離れて世界各地に離散して暮らすヘブライ人を指す言葉である。ヘブライ人はアッシリア、バビロニア、ローマ帝国などによって滅ぼされ、多くの人々が捕囚あるいは離散の民となった。郷里を失った彼らは、異国の地に何百年と暮らしていても、どこでも常に異国人として扱われ、在留外国人としての立場であり続けた。その事実を、ヘブライ人（ユダヤ人）ではないキリスト教徒も、自分たちの正体を言い表す言葉として自らに適用した。それは、キリスト教がほとんどの地域で公認宗教ではなく、少数者であり、各地の宗教や文化とは異なる生活と価値観を持つ人々として、異質な人々とみなされ、しばしば嫌われ、疑われ、時に迫害されている現実があり、それ以上に、パウロやヘブライ人の手紙が信仰者の身分を、天に本国を持つ民、寄留者と理解したからである。

「仮住まい（パレピデーモス）」は「仮住まいの人」「避難民」。手紙の受取人たちが実際にどこかから追放され、もしくは逃れて来て、異郷に在留している可能性はあるが、それよりもむしろ、どこに居住しているのであれ、そこが永久の住処ではなく一時的な滞在場所だという、ディアスポラとしての自己理解によるのであろう。キリスト者はこの世においては、どこの地にあっても在留外国人であり、寄留者であり、旅の途上にある民である。

キリストを信じて神の民とされた人々は、自身の判断や意志的決定によって神を受け入れたのではなく、神によって「選ばれた者（エクレクトス）」である。「あなたがたが私を選んだのでははない。私があなたがたを選んだ」（ヨハネ15・16）というキリストの言葉は、使徒たちだけでなく最初からすべての弟子・信仰者に共通する理解であった。その選びは世の人々が神に期待する成功や繁栄や安泰を手にする者への選びではなく、寄留の民として仮住まいの生活をする者への選びである。

ペトロは受取人がいる地方として、五つの地名を挙げる。これらの地方は、おもに小アジアの北半分にあたる。パウロはガラテヤ地方に伝道したが、ビティニア地方に行くことは「イエスの霊」によって妨げられた（使徒16章）。小アジアにおけるパウロのおもな伝道地域は南部が中心であった。文化的にも小アジアの南部は栄えていたが、北部は辺境の地であり、ただでさえ極端なマイノリティであるキリスト教徒の割合は、北部ではいっそう少なかったと思われる。それらの地域に住む信仰者を手紙の受取人としたことには、象徴的な意味があるであろう。具体的に示されるのは五つの地方だが、ペトロの手紙が意図しているのは、キリスト教徒が極端に少ない地域で、疎外され、異質な人とみなされ、反社会的として迫害にさらされているすべての信仰者を対象としていることである。

2節

離散し、仮住まいの状況にさらされている人々は、信仰のゆえに負わされる苦労が重荷となり、信仰そのものから離れてしまうことも起こり得る。周囲の人々に合わせて生きる方がはるかに楽であることは間違いない。そんな状況にある信仰者に、ペトロは厳しい現実をはるかに超える、神の選びとそれゆえの恵みを告げ知らせ、再確認させる。

信仰者として選ばれているのは、「父なる神が予知（予めご存じであること）されたことに従って」であり、その選びは「霊により聖なる者とされ」ることである。そして選びの目的は、「イエス・キリストに従い、その（キリストの）血の注ぎを受けるため」である。

あいさつの最期に、通常のヘレニズム書簡の常套句「カイレイン」に換えて、キリスト教書簡の特徴的なあいさつが続く。「恵みと平和が、あなたがたに豊かに与えられますように」。

説教　わたしたちは主イエスに属する神の民

イザヤ書2・1〜5
ペトロの手紙一　1・1〜2

なんという強烈な言葉から、ペトロは書き始めたことでしょう。キリストを信じる人々、もちろんその中には、わたしたちも含まれていますが、わたしたち信仰者の正体が、はっきりと、間違いようのない仕方で、最初に告げ知らされるのです。この手紙を読むすべてのキリスト者は、よほど想像力が乏しいか、他の人への共感を持たない人でないかぎり、この手紙はわたしに宛てて書かれている、そのように確信することでしょう。この手紙の宛先を見ればわかります。新約聖書の手紙はどれも皆、最初に差出人が出て来ます。ペトロの手紙一の場合は、「イエス・キリストの使徒ペトロから」。受取人がその後に続きます。

ポントス、ガラテヤ、カパドキア、アジア、ビティニアの各地に離散し、滞在している選ばれた人たち。

ここには五つの地名がでてきます。ポントス、ガラテヤ、カパドキア、アジア、ビティニアの各地。いったい、どのあたりでしょうか。すぐわかる方は少ないかもしれません。この地域は今のトルコ共和国、昔は「小アジア」と呼ばれた地域の、だいたい北半分と考えてください。一世紀から二世紀にかけての時代、文明の中心地は小アジアの南半分でした。今のトルコの北半分にあたる地域、それがこの五つの地域なのですが、文明から遠い田舎の地方です。そんな辺境の地にある教会に宛てて、この手紙は書かれたのでした。

手紙の宛先はこれらの地方の信仰者。ペトロは彼らのことをこう呼びます。「各地に離散、滞在している、選ばれた人たち」。日本語としては少しぎこちなくなりますが、もっと直訳に近い言葉にしてみましょう。

各地での離散者である、仮住まいの選ばれた人たち。

それらの人々がこの手紙の読者です。ここに挙げられた五つの地方は、小アジアの中でも北の辺境の地。その時代にはただでさえ少数のキリスト者が、他の地域よりももっと少ない地方です。

そのことが何を意味するのでしょうか。この手紙はキリスト者がごく少数で、マイノリティ中のマイノリティにすぎない、そんな地域に住む信仰者が宛先だということです。具体的に名前の挙げられている五つの地名は、とても象徴的な意味を持っています。具体的には、ポントス、ガラテヤ、カパドキア、アジア、ビティニアの信仰者宛です。しかし、ペトロが手紙を書いたのは、どこであれいつの時代であれ、キリスト者がごくわずかしかいなくて、へんな人たちと見なされている、そういうキリスト者のためです。だから、この手紙は、時代や地域を超えて、圧倒的に多数の人々の風習になじまず、地域や村の神々への宗教行事に参加せず、周りの大多数の人々の価値観に合わせず、そのために異質な人々と思われている、そういう境遇の全ての信仰者に当てられています。

そうであれば、わたしたち日本のキリスト者は、まさにこの手紙の受取人に違いありません。皆さんも一度や二度、三度や四度、あるいはしばしば、わたしはクリスチャンですと言うと、「へー」とか「そうなの?」とか言われ、めずらしいものを見る目で見られ、なかには好意的な関心を示す人もいますが、だいたいにおいて風変わりな人と思われ、自分たちとは違う人と思われ、まじめだが堅い人だと思われる。そんな体験をお持ちのことと思います。だが、世の中の風潮や時代の変化次第では、周囲の人々に合わせないことが反社会的で、非国民だと言われかねません。キリスト者としての信仰を貫き、ただ神のみをわたしの主として崇め、国家や民族以上に神の民であることを重んじ、神の国と神の義を第一とするために、嫌がらせや差別に遭い、時には迫害されることもある。それが現実であることを、わたしたちは歴史を通して知っています。また身近な体験として実感させられます。悪事のためにそのような目に遭うのではなく、キリストをわたしの主と信じて、神に従う生き方をするからです。

キリストを信じることを貫いて苦労するか、それともそんな信仰はさっさと棄てて楽になるか。その選択は常につきまとってきます。かつて迫害の時代にそうでした。日本でも迫害の時代がありました。今でもみんなと同じように生きたいなら、わたしたちも常に問われることです。ですから、何よりも重要なことは、わたしたちが自分の正体をはっきりと自覚し、そのことを揺るがない土台として、しっかりとその上に立つことです。だから、ペトロは最初に、少数者であるキリスト者に対して、キリストを信じる者の正体を掲げたのです。この手紙の受取人に対して、その中にはわたしたちも含まれますが、それらの人々の正体を、三つの言葉によって明らかにしました。「離散者（ディアスポラ）」、「仮住まい」、「選ばれた人たち」と。これほどまでに的確に、はっきりと、キリストを信じる人々の正体を表現した言葉は、わたしには他に思い浮かびません。

ペトロが挙げる第一の正体は、「離散者（ディアスポラ）」。この単語はもともと、自分の祖国を失って、世界各地に散らされたユダヤ人を指しました。この地上に帰るべき故郷のない民。帰るべき場所を失った人たち。たしかにユダヤ人はそうでした。アッシリア帝国やバビロニア帝国、そしてローマ帝国によって国を滅ぼされ、そこに立ち入ることさえ禁じられ、故郷がこの世の地図から消し去られ、世界の各地に離散して暮らしながら、なおどこにいてもいつまでも寄留者、在留外国人であり続けました。おどろくことに、キリスト者はいち早く、この言葉、「ディアスポラ（離散者）」を、故郷をこの世に持たなくなった自分たちの正体を表す言葉としたのでした。この世に住み、家を持ち、家族を持ち、仕事を持ち、友や仲間もいて、この世で生活しているとしても、この世は一時的な住処にすぎず、永遠の故郷ではないと考えたからです。では、永遠の故郷はないのでしょうか。いいえ。永遠の故郷は天の国であり、永遠の国籍を天に持つ神の民。それが自分たちの正体だと信じたのでした。わたしたちもそう信じます。今はすべてのキリスト者と呼ばれる人たちは、世界の各地に離散して生活しています。わたしたちはたまたま、日本のこの場所の周辺に住んでいます。あちらこちらからこの地域に来て住んでいます。でも、わたしたちキリスト者は、世界中に散らされています。先週、わたしはソウルを訪れて、韓国と台湾にいる兄弟姉妹と会いました。はじめての方もあれば、何度か会った方もおられます。でも、みんなわたしの兄弟姉妹です。わたしたちの兄弟姉妹は、世界の各地に離散して生きています。だが、世の旅が終われば、わたしたちは同じ天の故郷に帰ります。だから、わたしたちキリスト者は、この世では離散者（ディアスポラ）です。そうであれば、生き方が決まってきます。わたしたちはこの世界の中で、喜んで生き、楽しみ、あるいは苦労し、努力し、学び、働き、遊び、できるかぎり誠実に生きようとします。だが、それでも、この世界はわたしたちにとって、永住の地ではありません。

この世界のことだけを考えるのではなく、この世界の中だけで生きるのではなく、わたしたちは常に神の国を見上げ、天のキリストのもとに行くことを望み見て、この世を生きて行きます。だから今の生涯は、やがて行き着くことになる天の国を目指す、その旅の途上にあります。

それゆえ、わたしたちの二つ目の正体は、わたしたちはこの世では、「仮住まいの」身だということです。どんな家か、どんな生活状態かは、関係がありません。どこにいてもどのような状況でも、仮住まいなのです。わたしと妻は栃木県小山市神山にこの世の住まいを得ました。しかし、それはこの世限りのことであって、仮住まいにすぎません。永遠の住処に行き着くまでの仮住まいの身です。わたしたちの生涯は人それぞれです。平穏で満ち足りた生涯を生きて、充分に老いて世を去るかもしれません。病や事故のために苦難に遭うかもしれません。思いがけず短い生涯になるかもしれません。あるいは、この世が神の御心から大きく離れ、正義を失い、人々の尊厳と自由を制限し、世の多くの人々もそれを歓迎してしまう、そんな時代が来るかもしれません。いずれにしても、わたしたちの旅は、周囲の人々に合わせて同じように考え、同じようなことを話し、みんなと同じような生き方をするなら、ああ、どれほど楽なことでしょうか。しかし、わたしたちの心からの願いは別にあります。この世で楽に生きることを願うのではなく、神の民として生きることを心から願います。地上の居場所が仮住まいだと信じるからです。わたしたちが他の人々に合わせて、この世の定住者にならないのは、わたしたちがイエス・キリストをとおして、神によって「選ばれた」からです。

ペトロはキリスト者の三つ目の特徴を、神によって「選ばれた人たち」と呼びます。神に選ばれた。これがわたしたちの三番目の正体です。各地で離散者として生きる、仮住まいの選ばれた人たち。それがわたしたちの正体。わたしたちはそう信じます。だが、そんなのはわたしたちの妄想でしょうか。代々のキリスト者たちは全員そろって、集団で変な思い込みをしているのでしょうか。なんの事実も根拠もない作り話でしょうか。パウロはコリントの教会に宛てた手紙の中で、もしそうだとしたら、キリストを信じている人たちは、この世でもっともみじめな人間だと言います。しかし、わたしたちには、揺るがない確かな出来事があること、わたしたちの信仰には根拠があることを、はっきりと知り、信じています。神がその独り子を世に遣わし、イエス様という人となって人々を教え、十字架の上で死なれ、よみがえられたことです。キリストという揺るがない岩の上に、わたしたちの信仰は建てられています。わたしたちは主イエスに属する神の民。これがわたしたちの、神から与えられた今の身分です。そしてそのことを揺るぎなく支えているのが、人となって世に来られたイエス・キリスト。きょうわたしたちは、キリストが世に来られたことを思い起こす、待降節（アドヴェント）を迎えました。世に来られた神の御子キリストと共に、天の国を目指してこの世の旅を続けましょう。

（2019,12/1）

1・3～9

3～5節

「ほめたたえられよ（ユウロゲートス）」で導入される賛美の言葉が続く。たたえられるべきは「神でありわたしたちの主であるイエス・キリストの父」。神は漠然とした形で「わたしたちの父」と呼ばれず、「イエス・キリストの父」である。そして、そのキリストが「わたしたちの主」である。ここにおいて神、キリスト、わたしたちという三者の関係が明らかにされる。神はあくまでイエス・キリストの父であり、キリストがわたしたちの主となられたことにおいてはじめて、キリストの父である神を、わたしたちもまた、父と呼ぶことができる。

なぜ神はほめたたえられるべきなのか。ペトロはその理由をすぐに、「ほめたたえられよ」にかかる名詞句を用いて、神がどのような働きをなしてくださったかを、五節までの長文で詳細に語る。

神（ホ）はわたしたちに、その豊かな憐れみによって、イエス・キリストの死者からの復活をとおして生きた望みへと、新たに生まれさせてくださった（アナゲンネーサス）のであり、その望みとは、朽ちず汚れず消えることのない財産を相続することであり、それはあなたがたのために天に保管されているのであって、あなたがたは神の力によって、終わりの時に現されるように用意されている救いへと、信仰によって見守られている。

キリストを信じる者は、キリストの復活をとおして命の望みへと新たに生まれさせられたのであって、その望みは天にある。したがって、信仰者は天にある命の望みを抱いて生きる者として生まれた。その望みは終わりの時まで天に保管されている。しかし、この世での命は、神、キリスト、そして天に保管されている望みと無関係ではない。信仰者とは、「信仰をとおして神の力によって見守られている者たち」のことだからである。相続財産とは約束されているものであって、今受け取るべきものではない。だがそれは失われることのない天に保管されている（天に宝を蓄えなさいと言うキリストの言葉に呼応するように）。今はそのたしかな約束を抱いて、神に見守られてこの世を旅している。旅のモチーフは2・11になって明らかにされる。「フルウレオー」（守る・見張る）の意味をどこまで拡げて考えるかははっきりしない。しかし、ペトロは明らかに、迫害や試練からの奇跡的な救出を考えてはいない。迫害や試練に遭う現実に対して、神の直接介入が期待されてはいない。しかし同時に、神が無関心であることもない。神は終わりの時まで信仰が保たれ、命の望みを相続するまで耐え忍ぶことができるようにしてくださると信じている。そこで、「見守る」と訳してみた。

6〜7節

「そのことのゆえに、あなたがたは喜びなさい（アガッリアースセ）」もしくは「喜んでいる」。直説法でも命令法でもあり得るので、聖書協会共同訳は直説法「喜んでいます」と訳す。しかし、わたしたちは試練の中にある人々への言葉として、命令法として受け止めておく。神による救いの確かさと偉大さを改めて心にとめて喜ぶことが必要なのは、試練の現実があるからである。救いの確かさがあるからこそ、試練は恐れと不安を引き起こすものではなく、信仰を鍛える精錬の火に他ならない。試練によって信仰はいっそうすばらしいものへと造り上げられ、キリストが現れる時に称賛と光栄と誉れをもたらすことになる。

8節

すべてはキリストにかかっている。しかし信仰者はここで困難に直面する。キリストが今ここにいないという現実である。ペトロの読者は「キリストを見たことがなく」「今見てはいない」。その現実は試練の時、信仰を動揺させることになるかもしれない。ペトロは見たこともなく今も見てはいないという現実を認めつつ、それにもかかわらずキリストを愛し、信じている事実を思い起こさせる。ここでペトロはその根拠を示さないが、１・２で「霊により」と語り、１・11では預言者について語るとき、「自分たちの内におられるキリストの霊」という表現を用いている。おそらく、ペトロはもちろん読者にとって、「霊において共にキリストがいてくださる」ことは大前提であった。

9節

「あなたがたが信仰の目標である魂の救いを得ている」。この確信に基づいて、あなたがたはキリストを愛し信じている。ペトロはここで霊肉二元論に立っているのではない。この世の試練という現実にあっても、命の望みを抱いて世を旅することができる事実を、魂の救いと表現する。肉の試練は魂の救いを損なうことはできない。

説教　天とつながれて今を生きるわたしたち

イザヤ書7・10～14
ペトロの手紙1、1・3～9

皆さんは一日をどんな気持ちで始めますか。朝、起きた時のことを考えてみましょう。若い人はきっと、「さあ、きょうも一日元気で頑張ろう」。そう思うことでしょう。年を取ってくると、だんだん変わってきます。朝の最初のかけ声は「どっこいしょ」。そして「あそこが痛い、ここがしんどい」。あるいは、ぶつくさと文句をつぶやき、不平や不満、愚痴や悪態をつき、小言や悪口をぶつぶつ言うことから、一日を始めるでしょうか。

一日をどのように始めるか。それはその日一日の生き方を方向付け、一日の気分を決めることにもなります。悪い始め方をすれば、それはその日全体に広がってゆくものです。

でもペトロはたぶん、そんなふうに一日を始める人に対して、こう言うことでしょう。「そんな始め方はキリスト者らしくない。それとは正反対の気持ちで始めなさい」と。ペトロは、神を信じる者がどのように、その日一日を始めるべきかを教えています。最初に神を賛美する言葉から始めるのです。

私たちの主イエス・キリストの父なる神が、ほめたたえられますように。

ペトロは教えているのです。キリストを信じて神の民とされた者は、神への賛美から一日を始めるべきだと。それは一日の初めに限ったことではなく、わたしたちが何をするのであれ、まず神を賛美することから始めるべきです。具体的な賛美の言葉は、人それぞれ自由でよいことです。ある人はこう祈るでしょう。「神さま、新しい日を感謝します」。あるいは、「きょうもあなたを讃える日でありますように」。もっと単純に「神さま、きょうをありがとう」。神をたたえる賛美歌を口ずさむのも良いです。どのような言葉や歌を用いるのであれ、肝心なことは、神を賛美し感謝することから始めることです。愚痴や不平でその日を始めるなら、きっと愚痴や不平が一日の気分を支配します。賛美と感謝でその日を始めるなら、その日一日が、賛美と感謝の上に築かれます。

でも、どうでしょうか。命令されたからといって、「はいわかりました、賛美します」と、心からの賛美と感謝ができるでしょうか。あり得ないことです。わたしたちが心から神を賛美するとしたら、強制されてではなく、口先だけでもなく、心からの賛美と感謝でなければ無意味です。でも、それは神を賛美し感謝するだけの、明白な理由があればこそ、です。ペトロにはその明白な理由がありました。だからこのように書き送りました。

神は、豊かな憐れみにより、死者の中からのイエス・キリストの復活を通して、私たちを新たに生まれさせ、生ける希望を与えてくださいました。また、あなたがたのために天に蓄えられている、朽ちず、汚れず、消えることのないものを受け継ぐ者としてくださいました。

だから賛美しなさいと。ここには、神がキリストをとおして、わたしたちに何をしてくださったか、わたしたちに何をもたらしてくださったかが、簡潔に、しかし明確に示されています。わたしたちはともすれば、神さまからどれほどの恵みを受けているかを、疎かにして、忘れてしまいます。きょうの思い煩い、きょうの忙しさ、頭が痛い問題、他の人への文句、世の中への怒りなどが膨らんで大きくなり、神さまの恵みを隅っこに押しやり、目立たなくしてしまうのです。見えなくなり、わからなくなり、そうして、いつしか、わたしたちが受けている神さまの恵みは、毎日の不満や愚痴や心配事の下敷きになり、そんなガラクタの下に埋没してしまいます。ペトロは、キリスト者の現実、実際に向き合わされている困難を知っています。だれもハッピーなだけで生きてはおらず、試練があり、苦労があり、悩みも病も痛みも体験しながら、すべてのキリスト者は世を旅しています。それが現実です。それだからこそペトロは、神さまの恵みがどんなに大きくすばらしいかを、日毎に、折あるごとに思い起こし、そのことによって賛美と感謝を心から抱き、神に賛美を捧げるようにと教えるのです。思い起こさなければ、いつも近くに置いておかなければ、わたしたちは見失います。考えてみてください。わたしたちはみんな、罪に囚われて罪の僕とされ、死を運命づけられていました。しかし、わたしたちを憐れむ神は、わたしたちを信仰によって、主キリストと一つに結び合わせ、キリストと共に死に、キリストと共によみがえらされる、その確かな希望を与えてくださり、天の国と永遠の命を受け継ぐ、神の民としてくださいました。そのすばらしい恵みを、わたしたちは自分で手に入れたのではなく、自分の力で守ることが求められるのでもなく、全能の神の力が、信仰のゆえに、わたしたちを守り、支えてくださいます。神がわたしたちの砦であるなら、わたしたちには恐れるものはありません。それだからこそペトロは確信したのでした。たとえ、わたしたちの身に試練や悩みが迫り、わたしたちを脅かし苦しめるとしても、それらがわたしたちの信仰を押し潰して、信仰を失わせる恐ろしい敵とはならないと。むしろ、試練や困難は、わたしたちをよりすぐれたものへと、わたしたちの信仰をより純粋なものへと至らせる、精錬する火だと言うのです。鉱石から純粋な金を取り出す精錬の火。どのような試練も、死でさえも、キリストにある者の信仰を失わせるどころか、いっそう信仰を強めて、ついに称賛と光栄と誉れをもたらすことを、わたしたちは知っています。

わたしはこれまでに、幾人もの兄弟姉妹を天の御国に送りました。その人たちの誰もがみんな、苦難によっても痛みによっても、死によっても敗北させられることなく、むしろ、死は天の国の門となりました。死は永遠の称賛と光栄と誉れを受ける、天の国の入口であり、みんなその門をとおって、神の約束の栄冠を受けたのでした。何人もの方を御国に送りましたが、あきらめや失意を抱いて死んだ人はなく、誰ひとりとして、恐れや絶望に落とされることなく、一つに結ばれているキリストによって、天の神の御許へと受け入れられてゆきました。そのことを信じているわたしたちが、どうして、文句や愚痴や不安から、一日を始めることができるでしょうか。むしろ、神に賛美と感謝を捧げることから、きょう一日を始めないでいられるでしょうか。

朝、どなたも忙しいのはわかります。だから長々とした賛美と感謝はいりません。「わたしたちの主キリストの父である神さま、きょうあなたを心からほめたたえます」。たとえ一言であっても、この賛美がわたしたちの一日を定めるでしょう。わたしたちは天におられる主キリストと、霊において一つにつながれています。天とつながれて今を生きるわたしたちが、最初にすべきことは一つ。それが何かをペトロが教えてくれています。神を賛美することです。

（2019, 12/8）

1・10～12

10節

「この救いについては」は5節と9節の「救い」を指す。5節によると救いは「終わりの時に現されるように準備されている」のに対して、9節の「魂の救い」については、あなたがたが「得ているからです」と述べる。5節での最終的な救いの完成と、9節における現在の旅の途上での救いの状態が区別されているように読める。今の生活は魂の救いを得ている状態で救いの完成へと旅をしているということであろうか。ペトロはキリストによってもたらされた「この救い」が、突然現れたのではなく、預言者たちによって予告されていたことを明らかにする。ペトロによれば、預言者たちが預言したのは、「あなたがたに与えられる恵みのこと」であり、預言者たち自身の時代に実現することではなかった。彼らが探究し、注意深く調べたのは、未来の望みであったことをペトロは明らかにする。

11節

ペトロは預言者たちの働きを、キリスト預言に絞って解釈する。預言者たちに霊感を与えて語らせたのは、彼らの「内におられるキリストの霊」であったと。後に殉教者ユスティノスは、預言者に霊感を与えた神を、三位一体論的に分析して区別している。ペトロの「キリストの霊」はその先駆けと言える。キリストの霊が預言者に証したのは、「キリストの苦難とそれに続く栄光について」であった。イザヤ書53章を想起させるこの記述は、救いの意味を最初の教会がどう理解していたかを明らかにする。キリストの苦難と復活、そして昇天が救いの根拠であり意味である。救いとはキリストの苦難と栄光にあずかることに他ならない。「エラウノーンテス　エイス　ティナ　エー　ポイオン　カイロン」を、新共同訳は「それがだれを、あるいは、どの時期を指すのか調べたのです」と訳す。新改訳２０１７は「だれを、そしてどの時を指して言われたのかを調べたのです」。聖書協会共同訳は「それがいつ、いかなる時を指すのか調べたのです」。聖書協会共同訳は「ティナ　エー　ポイオン　カイロン」にかけて「いつ、いかなる時か」と訳す。新共同訳と新改訳は「ティナ」と「ポイオン　カイロン」を並置して、「ティナ」を「だれなのかを」と訳す。どちらと断定することはむずかしいが、いちおう「だれを、あるいはいつの時なのかを」と解釈しておく。

12節

預言者たちは探究によって、自分たちの預言する救いが、自分たちの時代に実現するのではなく、将来の「あなたがたのため」であることを啓示された。キリストの弟子たちは、預言者たちの言葉がイエス・キリストによって成就したと信じた。ペトロが確信し、また人々に確信させようとしているのは、預言者たちがキリストの霊によって預言した救いが、いまキリストによって成就したことである。そのことを宣べ伝える「福音をあなたがたに告げ知らせた人たち」、（おそらくペトロ自身を含めて）は、聖霊によってそのことを今宣べ伝えている。

なぜここで天使を持ち出す必要があったのかは、判然としない。たしかなことは、天上の神の使者たちもすべてを知らされているわけではなく、その意味すること、そして、「天使たちも、それをうかがい見たいと願っていること」を、キリストを信じる者たちは聖霊によって告げ知らされているということである。

説教　聖霊がわたしの内にあって、

イザヤ書9・1〜5
ペトロの手紙一 1・10〜12

旧約聖書には十六名の預言者の書があります。それぞれ預言者には個性と特徴がありますが、どの預言者も皆、神の平和を宣べ伝え、平和を求め、人々が平和を望まないことを嘆いています。平和こそが預言者の中心主題でした。たとえば、イザヤは来たるべき救い主を預言して、「平和の君と呼ばれる」と宣言し、人々に告知して言いました。その「平和には終わりがない」と。エレミヤは人々に対する神の計画を、「平和の計画」に他ならないと語り、ゼカリヤは救い主の働きを、「この方は諸国民に平和を告げる」（9・10）ことだと言い、預言者イザヤとミカは平和の象徴として、「彼らはその剣を鋤に、槍を鎌に打ち直す」（イザヤ2・4、ミカ4・3）と預言し、軍隊の力や同盟に頼ることを戒め、戦いを止めよと呼びかけました。

だが、預言者の声を聞いた人たちは、いったいどうしたでしょうか。ほとんどの場合、王も支配者も民衆も、預言者の言葉に耳を傾けようとせず、むしろ、対立を深めることを選び、敵意を燃やして争い、戦争と破滅を作り出して来たのでした。むしろ、平和を求める預言者は憎まれ、迫害され、苦難を受けてきました。

なぜ、人々は預言者の声に耳を傾けず、戦いと殺戮、破壊と破滅を選ぶのでしょうか。時代や文化や民族を越えて、どの世界でも人々はみんな、平和を願っていると言い張ります。しかし、現実には、人々が願っているという平和とは、自分が勝者になることであり、敵を無力にして打ち負かすことであり、自分がもっと多く富と力を得ることとです。預言者はそういう自己中心の平和ではなく、神の霊が示す平和を宣べ伝えました。すべての山が低くされ、谷が高められて平らになり、狼と小羊が共に宿り、飢えている者が満ち足り、富んでいるものが追い返される、そのような平和を宣言しました。だから預言者は迫害され、苦難を受けたのでした。この現実は、時代や文化や民族を越えて、変わることなく今も共通しています。

今の日本でもその事実は変わりません。平和を主張する人は現実離れの夢想家で、非現実的な妄想に囚われていると言われます。政治家も多くの人々も「平和」と言うが、その平和は敵への警戒を呼び起こす口実。平和を守るために必要だと言って、軍事力を増強する道具にされています。クリスマスの季節になると、世界中でキリストは「平和の君」と呼ばれます。しかし、いっこうに人々の心は平和にならず、神の呼びかける平和に心を向けません。

いったいなぜなのでしょうか。その理由を突き詰めてゆくと、わたしたちは人間の罪の問題に行き当たります。平和は外からは来ません。わたしたちの心の内から来るものです。だが、わたしたちの心の内から出て来るのは、イエス・キリストによれば悪い思いです。すなわち、みだらな行い、盗み、殺意、姦淫、貪欲、悪意、詐欺、公職、ねたみ、悪口、傲慢、無分別などです。人が罪から解き放たれて、心が新たにされて作り変えられないかぎり、つまり、救われないかぎり、この世界に平和は訪れず、むしろ世界は対立と分断、敵意と争い、怒りと憎しみで満ちたままです。人は自分の意志や力で罪を除くことはできず、自分の努力やおこないで罪から自由にはならず、パウロの言葉を借りるなら、人は罪の奴隷とされています。

きょうの聖書箇所でペトロは二回、神の霊について語っています。預言者に啓示を与えたキリストの霊と、福音を宣べ伝える者を導く聖霊。預言者も福音を宣べ伝える人たちも、平和の福音を自分で考案したのではなく、彼らは聖霊に導かれ、神の霊によって語るべきことを示されました。聖霊の働きによって導かれるのでなければ、いったい誰が神の平和を告げ、神の福音を人々に語ることができたでしょう。福音を語る者が聖霊によって導かれたように、平和の福音を聞く人々もまた、聖霊によらなければ信じることはできません。ひとり一人の魂が聖霊によって変えられ、新たにされるのでなければ、福音に耳を傾けることはなく、キリストの平和を実現することもありません。どのような平和も、それが隣人との平和であれ、家庭内の平和であれ、民族間の平和であれ、国家間の平和であれ、ひとり一人の魂が新たにされ、変えられるのでないかぎり、平和が実現されることはないのです。だからイエス・キリストは最初に、人々に「悔い改めよ」と呼びかけました。教会は最初から、人々に罪の悔い改めを宣べ伝えて、福音を信じなさいと告げてきました。福音を宣べ伝える預言者や宣教者に聖霊が働いてきたように、平和の福音を聞く人たちの内にも、聖霊が働いてくださると信じたからです。

聖霊の働きがなければ、だれもイエスを主であるとは言えない。このパウロの言葉は今も真実です。実際、わたしたちがキリストを信じて、平和の福音を受け入れることができるのは、聖霊が内にあって、わたしたちを日々新たにするからです。聖なる神の霊は、わたしたちの魂をきよめ、新たにしてくださいます。そのことなしには平和は生まれません。だから、平和は個人の内側から、とても内的な心の中からはじまります。いったい、人をけなし、見下し、罵る人の魂が平和を作るでしょうか。怒りを人に向けて攻撃し、憎む人から、平和が伝わってくるでしょうか。自分を世界の中心に据える人が、和解と赦しをもたらす愛を抱くでしょうか。何千億円という武器を購入して、軍事力増強をする政治家の口から出る、平和という言葉が心を動かすでしょうか。

預言者に働き、福音を宣べ伝える人に働いてきた、その同じ聖霊が、わたしたちの内にあって、わたしたちの魂を新たに造り変えて、きよめ、わたしたちを聖なる者とし、人の意志や力によっては決して実現しない、神の平和をわたしたちが喜んで生きる。そのような者とされる恵みを体験します。そして、イエス様からこのように言われることでしょう。

平和を造る人々は幸いである
その人たちは神の子と呼ばれる。

神の子であるイエス・キリストが、人となってこの世に来られました。今も聖霊において、わたしたちの内に来てくださいます。わたしたちが信仰によって、キリストと一つに結ばれる時、主キリストはわたしたちの兄弟となり、わたしたちもキリストとのきずなのゆえに、神の子と呼ばれることでしょう。

（2019, 12/15）

1・13〜16

13節

12節までで、救いについて、救われているゆえの喜びについて、そして預言者によって証され天使も見たいと望んでいる救いが「あなたがた」に宣べ伝えられていることを告げたペトロは、その救いの確かさを根拠とする言葉「だから（ディオ）」に基づいて、具体的な勧告を与える。「イエス・キリストが現れる時にあなたがたに与えられる恵みを、ひたすら待ち望みなさい」という命令法の主文に先立って、状態を説明する二つの分詞が置かれている。「あなたがたの心の腰に帯を締め（アナゾーサメノイ）」「身を慎んで（ネーフォンテス）」（直訳）。心の腰に帯を締めるというイメージは、出エジプト12・10の過越の身支度を想起させる。ペトロは信仰者の現実が厳しい旅であることを踏まえているのであろう。「身を慎んで」の原意は「しらふでいる」こと。精神が定かでなくなり、望み見るべきものが曖昧になったりすることなく、しっかりと望みへと意識を向けておくことが求められる。

14、15節

「従順な子として」は、本性が何かを示す表現である（たとえば「怒りの子」「雷の子」などのように）。神への従順さを本性とする者として、ということのヘブライ語的表現（EKK『ペテロの第一の手紙』91ページ）であろう。神に従う者はどうあるべきか。「かつて無知であった時の（もろもろの）欲望に従わず」という分詞は15節の「アッラ」によって引き継がれ、「そうではなく、あなたがたを召し出した聖なる方にならって、あなたがた自身もあらゆる振る舞いにおいて聖なる者でありなさい」との命令へと至る。ペトロは、信仰を抱く以前の「さまざまな欲望に従う」状態と、信仰を抱く今の「生活のあらゆる面で聖なる者」であることとを鋭く対比している。救いの意味が「聖なる者」であることへと帰結されていることが重要である。

さらには、おそらくペトロは、13節の「キリストが現れる時に与えられる恵みを、ひたすら待ち望」むことと、「聖なる者」であることとを等置しているのであろう。

16節

信仰者が「聖なる者」であるべきことの根拠を、ペトロはレビ記19・2の言葉を引用して示す。「こう書かれている『あなたがたは聖（なる者）であれ、なぜならわたしが聖（なる者）だから』」（直訳）。神は聖なる方であるから、神に属するものはすべて聖なるものである。信仰者は神に属する者であるゆえに、信仰者は聖であり、聖でなければならない。聖なる者であるとはどういうことかを、ペトロは13節との等置で示す。「イエス・キリストが現れる時に与えられる恵みを、ひたすら待ち望」む者が、聖なる者である。聖なる者として終わりの時の恵みを待ち望む者は、信仰を抱く以前の欲望に従うことをせず、身を慎んでこの世を旅するのであって、この順序は逆ではない。すなわち、欲望に従わず身を慎んでいるから聖なる者なのではなく、聖なる者すなわち望みを抱いて生きる者は、その望みを抱き続けて旅をするために、欲望に従わず身を慎むのである。

説教　聖なる神の御子とのきずな

イザヤ書11・1〜5
ペトロの手紙一 1・13〜16

アドヴェント・カレンダーという、たった四週間だけのカレンダーがあることを、皆さまもご存じでしょう。日本でもとてもポピュラーになりましたから、最近ではどこでも売っています。クリスマスを待つ季節は、アドヴェント、日本語で待降節と呼ばれ、クリスマスの四週間前から始まります。この季節限定のアドヴェント・カレンダーには、とても楽しみな仕掛けがあります。一日ごとに小窓が作られていて、毎日、一つずつ小窓を開けると、中にある聖書の言葉や絵が見えるのです。文字や絵じゃあ、ちっとも楽しくない。今時の子どもにはそうかもしれません。だから最近のアドヴェント・カレンダーは、小さな一日ごとの窓を開くと、中からチョコレートが出てきます。もっとも、気が早くて待ちきれない子は、最初の一日で全部の窓を開けて、チョコレートを初日で全部食べてしまいます。その時は嬉しいかもしれませんが、次の日からクリスマスまでずっと、このカレンダーはもう役立たず。つまらない毎日を過ごすことになります。これではアドヴェント・カレンダーは、意味を失ってしまいます。ほんとうは、アドベント・カレンダーはクリスマスの日を楽しみにして、心から待ち望むためのものです。毎日一つずつ窓を開けて行くことで、四週間かけて楽しみに待つ喜びこそが、いちばん大切で嬉しいことのはずです。

しかし、何かすてきなことを待ち望む、その、待つ喜びということが、今の時代なくなりつつあるように思います。世の中が変わってしまったのでしょうか。「待つ」ということ自体は今もあります。病院でも郵便局でも役所の窓口でも、「まだかなあ」と待つことはよくあります。でも、ただ「待つ」と「待ち望む」とは、同じではありません。

「待ち望む」というのはどういうことでしょうか。ちょっと考えてみましょう。皆さん、来年に何か待ち望むことがありますか。三年後、五年後は。十年後、二十年後はどうですか。まあ、生きていればですが。現代は、未来に何かを待ち望むということが、とても難しい世の中になってしまいました。一年後に世界がどうなっているかさえわからない。そんな世界を、今わたしたちは生きています。だから未来を待ち望むことが難しく感じられます。でも、それはすごく問題なことで、とても悲しいことでもあります。なぜなら、待ち望むということは、未来に夢が実現する、あるいは未来にすてきなことが待っている、そう信じて楽しみにして生きることですから。待ち望むことがないとしたら、未来がつまらないものになるか、あるいは未来を失うことです。現代に蔓延している最大の不幸は、幸いな喜ばしい未来を楽しみに待ち望むことが、ほとんどできない世の中だということです。むしろ大多数の人が漠然と思い描く未来は、恐れと不安に満ちた、不透明な、心配だから直視したくない、できれば来ないでほしいと思う未来です。

たしかに、今の世界は病んでいます。地球温暖化、環境破壊と汚染、近代文明の行き詰まりと終わり、民族対立と戦争、地球規模の難民、資本主義経済の破綻、倫理的な秩序が追いつかない、制御不能なほどの科学技術の発展、テロリズムや紛争の頻発と拡大、などなど。世界全体が「破滅」という未来に進み、世の終わりという恐ろしい日が到来する恐れが、わたしたちの精神にこう呼びかけてきます。「そのような絶望的な未来を意識から消して、先のことは考えるのをやめてしまい、今だけに没頭して生きよ」と。

この世界ではいろいろな人が生きています。だが、資本主義者であれ共産主義者であれ、自由主義者であれ全体主義者であれ、金持ちであれ貧乏人であれ、民族や人種が何であれ、そうした違いに関係なく、この世界の住民は例外なくみんな、沈みゆくタイタニック号の中にいます。その事実は変わりません。その船の中で、嘆くにせよ笑うにせよ、ダンスするにせよ祈るにせよ、「そこに希望はあるのか」と問われれば、「ない」としか答えようがない。これがこの世界で生きている万人に共通する、絶望とあきらめ、そして嘆きです。未来に対するこれほどまでの絶望感が人々の心に広がりつつある時代は、過去になかったのではないかと思います。

しかしそれでも、世界の破滅を予感させられるような時代は、これまでにも何度かありました。その都度、この世界の中にだけ望みを置き、この世界だけに依り頼み、この世界を全てだと考える人たちは、嘆き、怒り、恐れ、途方に暮れ、絶望の果てに最後を迎えました。キリストを信じる人たちも同じだったでしょうか。自分たちの運命は世界と一蓮托生でしょうか。そうではないはずです。キリストを信じるということは、この世界の住民であると同時に、この世界が一時的なものにすぎないと信じ、永遠の故郷を天に持つことだからです。きょう、ペトロの手紙一から読みました。ペトロは危機と困難のただ中にある、望みのない世界を生きるキリスト者に、はっきりと告げたのでした。イエス・キリストが現れる時に、神の恵みの未来が与えられると。なぜなら、イエス・キリストを信じるということは、信仰のきずなによって、キリストと一つに結ばれているゆえに、天の神の国が、わたしたちの永遠の故郷だからです。このしずみゆく世界だけが世界の全てである、この世だけを住処としている現実から、天の神の国に国籍を持つ、天の国の住人とされている。それがキリストを信じていることの意味です。この世界は滅びるとしても、キリストが神の国と永遠の命を与えてくださる。そのことをペトロは、

イエス・キリストが現れるときに与えられる恵み

そう表現したのでした。これがわたしたちの希望であり、待ち望む未来です。困難な問題が溢

れる絶望的な世界においても、神がもたらしてくださる未来を待ち望み、そこに希望をおいて生きること。それが、キリストを信じる者の姿であり、心の在り方であり、生きる道です。かけがえのない喜ばしい未来である、神の国と永遠の命を待ち望むのは、とても楽しく嬉しいことです。本当に大切なものが来るのを待つのなら、いったい誰が、そのことを忘れてしまうでしょうか。いったい誰が、待ち望んでいることをそっちのけにして、全然違う方にそれて行くでしょうか。いったい誰が、その大切なことを放棄して、どうでも良いことに没頭するでしょうか。待ち望んでいる未来があるのなら、そのことを決して疎かにはしないはずです。むしろ、ペトロの言葉によるなら、「いつでも心を引き締め、身を慎み、従順な子として、かつて無知であったころのさまざまな欲望に従わず、あなたがたを召し出してくださった聖なる方に倣って、あなたがた自身も生活のあらゆる面で、聖なる者と」なるよう願い、努めることでしょう。

「聖なる者」。ペトロはキリストを信じる者を、そのように呼びます。「聖なる者となれ」。そう命令されてなれるものではないし、そんな者になれないし、なりたくもないと、反感を抱く人もいるかもしれません。ペトロが言おうとしていることは、自分で聖なる者となるよう努力せよ、ということではなく、頑張れば聖なる者になれるでもなく、聖なる方である神の御子と、信仰によって結ばれているのだから、聖なる方とのきずなのゆえに、あなたがたは聖なる者とされている、ということです。聖なる者とは、過ちや欠点のない、完璧な人という意味ではありません。ましてや他の人より優れているのでもない。神は旧約聖書のレビ記19・2で命じています。

聖なる者となりなさい。あなたがたの神、主である私が聖なる者だからである。

聖なる神に受け入れられ、聖なる神に属する者とされているから、あなたがたは聖なる者です。ここで、わたしたちはペトロの書いた、文章の構造からあることがわかります。それは、聖なる者であることと、神の未来を待ち望む者であることは、イコールだということです。聖なる者とは、立派な人とか欠点のない人とか完璧な聖人君子のような人という意味ではなく、神が約束し、やがて与えてくださる恵みという、神から来る未来を待ち望む者のことです。わたしたちは神の未来を待ち望む、神の民だから、聖なる者とされています。キリストが再び来られる時、その時に現される恵みを待ち望み、その未来を喜んで楽しみにしながら、今のこの世界を生きてゆきましょう。

（2019, 12/22）

17節

「もしあなたがたが、それぞれのおこないに応じて公平に裁く方を父と呼ぶのであれば」（直訳）は、条件文だが、意味は「父と呼んでいるのだから」という事実を強調するための仮定法。そうなのだから「あなたがたの寄留の間（トン テース パロイキアス フーモーン クロノン）、畏れを抱いて振る舞いなさい」（直訳）。この世の生活が寄留者としてのものであり、その間のすべての時を、神への畏れを抱きながら生きるべきことが求められる。キリストを信じる者の姿がもっとも簡潔かつ明白に示されている。

「それぞれの行いに応じて（カタ ト ヘカストゥー エルゴン）」が、信仰者を指すのか、それとも全人類に対する普遍的な裁きを指すのかは明白ではない。文章の構造からすると、すべてを公平に裁く神がおられ、信仰者はその神を「父」と呼ぶことができるというのであれば、神の裁きはすべての人々に対するものと考えるのが適切であろう。そうであれば、ペトロは神の裁きが本来、それぞれのおこないによってなされることを前提としている。したがって、神の救いがキリストを信じる者だけに限定されてはいない。キリスト者の特権は、そのような神を父と呼ぶことができることにある。

18、19節

「知ってのとおり（エイドテス）」は信仰の根幹を思い起こさせる導入。あなたがたは何によって贖われたのかを告げる。この世のものによってではないことを、最初に否定から始めることで強調する。「朽ち果てるもの、（すなわち）金や銀によってではなく」と。そして「先祖から受け継いだあなたがたの無価値な生き方から贖われたのは」と続く。「あなたがたは贖われた（エルトゥローセーテ）」は奴隷の売買を連想させる。あなたがたは買い取られたと。何から買い取られたのか。ペトロは「先祖から受け継いだ無価値な生き方から」と語る。サタンからの買い取りということではない。「ウゥ」を受ける「アッラ」（～ではなく～だ）で、「朽ち果てるものではなく」に続く贖いの手段は、「傷も汚れもない小羊のようなキリストの尊い血によって」である。

ここでのペトロの強調点は、この世においてもっとも高い価値のある金や銀を例に挙げることによって、この世のいかなるものも人を贖う力がないこと、つまり、この世という限定された世界を超える救いをもたらすことがないことを強調しているのであろう。贖いはキリストの尊い血によるのであり、それだけが人々を「先祖から受け継いだ無価値な生き方」すなわちこの世の中だけで生きることから導き出して、この世では寄留者とする。

20節

ここでペトロは、キリストの正体を簡潔に明らかにする。前節のキリストを説明する副詞句によって導入される句は、キリストの先在を明確に語る。（キリストは）「世界の始まり以前から知られていたのであり」と。誰に知られていたのかをペトロは語らないが、父なる神によって知られていたということであろう。そのキリストが終わりの時に、あなたがたのために世に現れた。ここにペトロはキリストをとおしての神の救いの大きさを見ている。

21節

このまとまりの最後に、ペトロはふたたび信仰者が何者であるかの定義を、別の表現で語る。「あなたがたは、キリストを死者の中から復活させて栄光を与えた神を、彼（キリスト）を通して信じている」と。信仰はキリストに依存しており、信仰の対象は神である。キリストの出来事も贖いもすべては神に由来する。それゆえに、「あなたがたの信仰と希望は、神にかかっている（エイス　セオン）」。ここでもペトロは、信仰と希望がこの世の中の何かに依存するのではなく、神（のみ）によることを明確にする。いかに人はこの世の何かに救いと贖いを依存するものであるか、ペトロはその事実を警告している。贖いはこの世の何かに依存することによってではなく、この世を超える神からしか来ない。

説教　信仰と希望を抱いて生きる恵みに感謝

イザヤ書11・6～10
ペトロの手紙一1・17～21

わたしたちはいったい何者なのか。この問いに対する答えを、ペトロはきょうの箇所で明らかにします。「あなたがた」とペトロが呼びかけるのは、直接にはこの手紙の受取人、すなわちアジアの各地で暮らす信仰者です。しかし、ペトロはもっと広く、時代や地域を越えて、この手紙を読む全ての人たちに対してです。ですから、わたしたちも、「あなたがた」の中に含まれています。

あなたがた、すなわちキリストを信じる者とは、「先祖伝来のむなしい生き方から贖われた者」。ペトロはわたしたち全キリスト者の正体を、そのように定義するのです。ちょっとひどい物言いに思われます。これでは、キリスト者以外の人は、みんな救いがないような言い方です。でも、ペトロはそう考えてはいません。神がどのような方かを、ペトロは最初にはっきりと告げていますから。神とは「人それぞれの行いに応じて公平に裁かれる方」だと。キリスト者かそうでないか、ユダヤ人か異邦人か、どの民族か人種か、良い家柄か低い身分か、そのようなことに関係なく、神は行いに応じて公平に裁かれる。キリストを信じなければ救われないとは、ペトロは言いません。裁きは公平です。だからこそキリストを通して、神を父と呼ぶことができる者は、いっそう神を畏れ敬い、神をあがめる生き方が求められる。そうペトロは教えています。

ペトロがここで言う、「先祖伝来の空しい生き方」とは、非信仰者に対する軽蔑や差別ではなく、わたしたちがキリストを信じる以前は、どのような状態であったかの描写です。キリストを救い主と信じる以前は、善人か悪人かに関係なく、正しい人か邪悪な人かに関係なく、だれも皆、すべての人が、この世界の何か、この世界の中にある何かに、信仰と希望を置いていたということです。人は誰も皆、自分の健康や安全を願います。家族の無事と無病息災を願います。誰もが皆、苦難のない生涯を願い、経済的な安定を求めて努力し、受験にしろ、就職にしろ、その他いろいろなことについて、成功や願いの実現を祈ります。それが悪いわけではなく、むしろ当然の願いですし、わたしも含めて誰もが、できるだけ手に入れたいと願います。ペトロがここで言おうとしているのは、そういう願いの良し悪しではありません。安全であれ健康であれ無病息災であれ、経済的安定であれ成功であれ、そうしたことが、はたして、わたしたちが生涯全体を賭ける価値のある、この命の究極の目標なのかということです。富や名声に関しては、この世では成功者とそうでない人がいます。健康で長生きの人もいれば、若くして病に倒れる人もいます。たいていの場合、その人個人の問題ではありません。そもそも、わたしたちの誰もが、自分の境遇を選んで生まれてはきません。人種、民族、環境、時代、文明など、設計図を描いて生まれる人はいません。むしろ、ある哲学者が言うように、わたしたちはこの世界の自分の境遇へと、選択の余地なく投げ込まれるのです。ある人は大富豪のもとに、ある人は難民キャンプの中に、ある人は子どもを望んでいない親のもとに。

イエス様がそうでした。ユダヤの片田舎のおとめに宿り、政治の波に翻弄されて飼い葉桶に寝かされ、おそらく父ヨセフは早くに死に、長男のイエス様が家族を養いました。思いがけない災害や挫折が訪れます。病や苦難を体験することがあります。思い描いていた夢が暴力的に奪われ、途方に暮れる事態に遭遇します。この世界だけに望みを置くとしたら、いったい何を望むことができるでしょうか。健康、安全、成功、富、名声、地位、長寿。そういったことが望みであるとしたら、その望みが奪われ、失われたら、いったい何が残るでしょうか。ペトロはこの世界だけに望みを置くことを、「空しい生き方」と呼びます。そのうえで、「あなたがた」キリストを信じる者は、そのような生き方から贖われたのだと、改めてキリスト者に思い起こさせるのです。

「贖われた」。

それはどういう意味でしょうか。言葉としては、何かに囚われて所有されていることから、代価を払うことによって、別の誰かに買い取られたということです。ペトロの言い方を用いるなら、「空しい生き方」に囚われて、そのような生き方にこき使われていた人が、キリストの尊い血という代価によって、神に買い取られたのです。それが、わたしたちキリスト者の正体です。尊い血という代価によって、わたしたちを買い取るために、キリストは世に来られた。それがクリスマスの意味であることを、ペトロはわたしたちに告げ知らせるのです。

誰か、あるいは何かの所有物であった人が、別の誰かに買い取られてその人の所有となる。このイメージは現代のわたしたちよりも、ペトロの時代の人にとってはリアルでした。奴隷制度がふつうでしたから。イメージは奴隷の売買を連想させます。パウロも同じイメージを用いて説明します。パウロによれば、罪の奴隷からキリストによって贖われ、神の奴隷とされたのだと。ペトロは同じイメージを使って語りますが、少し違う言い方をしています。むなしい生き方の奴隷であった者が、キリストの尊い血によって、神の子として贖われたのだと。

奴隷であった者が神の子とされる。それはわたしたちにできることではなく、神ご自身だけができること、しかもその代価は、途方もなく価の高いものです。神の独り子の血によって贖われたのですから。だからこそペトロはこう説明します。

あなたがたの信仰と希望とは、神にかかっているのです。

神こそ、わたしたちの救いの立案者であり、神の御子キリストだけが、わたしたちの贖いを成し遂げた方だからです。神がわたしたちに約束して備えてくださる、わたしたちの救いは、この世界の何かがもたらすことはありません。富も権力も、健康も長寿も、神の子としての身分も天の国の国籍も永遠の命の望みも、与えることはあり得ません。この世のものはこの世限りですから。ですから、わたしたちの信仰と希望は、この世界の中にあるのではなく、天の神のもとに蓄えられています。わたしたちはこの世の良い物を願い求めます。だが、それらがわたしたちを救いはしません。わたしたちが信じ、望みを置くのは、天の御国にあるからです。

わたしたちはそのことを信じて望みながら、神の子として、この世を旅しています。この世界に究極の望みはなく、この世界の中に永遠の命はありません。この世において、たとえ苦難に遭うとしても、たとえ富や成功を得ても、あるいは得ることがなくても、わたしたちが信じ望む永遠の財産は、朽ちず、汚れず、しぼむことがありません。だからわたしたちは、地上では仮住まいの者として、天の国を目指す旅人として、信仰と希望を抱いて生きる恵みに感謝しつつ、神を畏れ敬いながら、世を旅するのです。

（2019, 12/29）

1・22〜25

22節

ペトロはここで、キリスト者が何者なのかを別の視点から簡潔に表現する。「真理に従うことによって、魂を清め、偽りのない兄弟愛を抱くようになったのですから」と。真理に従うことが魂の清めをもたらし、それは誠実な兄弟愛のためである。信仰は聖なる者としての霊的な在り方へと人を造り変え、その目的は兄弟愛を生きることにある。したがって、信仰者は清い心で誠実に互いに愛し合わねばならない。困難な世界を旅する少数の信仰者は、互いに愛し合うことによってのみ、信仰者としての旅を共に続けることができる。

23節

聖なる者とされること、聖なる者として互いに愛し合うこと。それは人間の意志や力によって実現するものではない。本質的に神の恵みのわざであることを、ペトロは明確に告げる。キリストを信じる者が「新たに生まれた」のは、「朽ちる種から生まれたのではなく、朽ちない種から、すなわち、神の変ることのない生ける言葉によって」だと。ペトロは神の言葉が人の内に蒔かれる朽ちない種だとみなしている。もしかするとイエスの種蒔きのたとえが念頭にあったのかもしれない（種蒔きのたとえにおける「種」を単純に御言葉と同定することはできないが）。たしかなことは、伝えられた神の言葉が、信じた人たちの内に絶大な変化、新しく生まれ変わらせる変化をもたらすことである。

24、25節

その根拠として、ペトロはイザヤ書40・6〜8を引用する。人そのものも人の世も栄枯盛衰の現実にある。イザヤは国家の繁栄と滅亡の事実と、それに対する神の言葉の永遠性を対比して語る。それを受けてペトロは、神の言葉によって新しく造られた者が、朽ちず、汚れず、消えることのないものを受け継ぐ者であるという四節の言葉を読者に思い起こさせる。

説教　永遠に変わることのない主の言葉を道標として

イザヤ書12・4〜6
ペトロの手紙一 1・22〜25

新しい年を迎えました。皆さまはどのような思いを抱いて、新年を迎えられたでしょうか。わたし自身は、昨年の慌ただしさがそのまま続き、何かに追い立てられているような、そんな気持ちを引きずって、新しい年を迎えました。それでも、新しい年を迎えるのは嬉しいことです。過ぎた年の自分自身を思い返して、新たな歩みを踏み出したいと思います。わたしにとって、何よりも喜ばしく心強いのは、教会の皆さんと共に、この世の旅を今年も続けることです。

創世記で神は、最初の人アダムが孤独であったとき、「人は独りでいるのはよくない。彼にふさわしい助け手を造ろう」と言われ、アダムはパートナーのエヴァを得ました。この言葉は直接的には、アダムとエヴァについての言葉ですが、人間というものの本質を物語ってもいます。人は独りでは生きられない存在です。もちろん、パートナーや家族は重要ですが、それだけでなく、同じ志、もっと具体的に言えば、同じ信仰と希望と愛を分かち合って、共に世を旅する旅の仲間、信仰の共同体が必要です。特にその旅が荒れ野を行く旅であり、あらゆる困難、危険、恐れがあるなら、いったい誰が独りで生きられるでしょう。

昨年一年間、わたしたちは世界の現実をみてきました。昨年起きたさまざまなことを振り返ると、この世界の荒廃は一段と進み、将来に広がる黒雲が厚みを増して、わたしたちの恐れと不安をかき立てる、そんな一年であったように思います。過去になかったような異常気象、それが原因と思われる災害の多発。それが日本だけでなく、地球規模で起きています。困難が大きければ大きいほど、わたしたちは互いの存在が必要です。古代から教会は自らを、荒海を渡る船にたとえてきました。荒海に翻弄される船ですが、そこにキリストが共におられるかぎり、その船は救いの船です。約束の御国まで、わたしたちを導く船に、わたしたちは一緒に乗り込んでいます。そこでは互いに祈り、互いに支え、互いに助けることが必要です。きょうから始まる新しい年、わたしたちはいっそう、共に旅する神の民として、この世を歩んで行きたいと願います。わたしにとっては、それはとても嬉しく、また力強い励ましです。願わくば皆さんにとっても、このわたしたちの教会が、そのような群れであることを願います。

一ペトロ1・22～25を読みました。ペトロはこの箇所で、まさにそのような意味で、信仰者は共に旅する仲間であることを、読者に思い起こさせています。最初にペトロは、あなたがたが何者であるのか、あなたがたの現在の正体を語ります。「あなたがたは、真理に従うことによって、魂を清め、偽りのない兄弟愛を抱くようになったのです」と。抽象的で、少しわかりにくいように思います。先ほど荒海を旅する船の話をしました。船のイメージで考えると分かるでしょう。船に乗り込むための乗船チケットは、「真理を受け入れる」ことです。「真理」という言葉を使いますが、ペトロはおそらく、「わたしが真理である」という、イエス様の言葉を意識しているのかもしれません。ですから、あなたがたは、「イエス・キリストを受け入れた」ということです。天の港に行くこの船に乗る人は、神の民です。聖なる神に属するゆえに、「魂が清く」されています。この船に乗る人は同じ信仰を持ち、すなわちイエス様を信じ、同じ希望、すなわち天の国に行くことを望み、それゆえに、互いに同じ愛を抱いています。抱いていなければなりません。たとえ船に乗り込む前は、敵味方に分かれていたとしても、たとえ無関係であったとしても、たとえ世間的には身分違いであっても、同じ船に乗って旅する事実によって、互いに受け入れ合い、互いに助け合い、互いに愛し合う関係だからです。

船に乗るための乗船チケットは、真理を受け入れること、つまりキリストを受け入れること、そのように言いました。しかし、それだけでは、わたしたちの気持ち次第のようです。実際にはそうではなく、キリストを受け入れるということは、わたしたちが神の命の霊によって、新しく生まれ変わること、パウロの言葉によれば、新しく創造されることです。わたしたちの心の持ちようとか、わたしたちの意志による決断以上に、神によって新たにされることです。この世にしか属していない、朽ちるべき命を生きる存在から、天に国籍を持つ、朽ちることのない命を生きる者へと、新たに造り変えられることです。その事実をペトロは、このように告げます。

あなたがたは、朽ちる種からではなく、朽ちない種から、すなわち、神の変わることのない生きける言葉によって新たに生まれたのです。

この世界のあらゆるものは過ぎ去ります。人もまた例外ではありません。この世にあって限りある命を生きる限り、わたしたちも衰え、枯れる時がきます。新しい年を迎えたところで、その事実は変わらず、むしろわたしたちは、新しい年を迎えるごとに、この世の命の終わりへと一歩近づきます。しかし、わたしたちは新年の初めの日、新しい年を迎えたと思うこの日にこそ、あらためて、わたしたちを新たにしてくださった神を思い起こしましょう。わたしたちは永遠に変わることのない、神の言葉、すなわちイエス・キリストによって、朽ちることのない永遠の命を受け継ぐ者へと、新たに生まれ変わらされたのです。この世にあるかぎりは、わたしたちはこの世を生きています。しかし、この世と共に朽ちる者ではなく、この世においては寄留者であり、この世は仮住まいです。天にある神の国がわたしたちの本国。そこを目指す旅を、わたしたちは同じ船に乗って生きています。旅するこの世は荒海ですが、永遠に変わることのない、神の言葉を道標として歩むかぎり、わたしたちは必ず、目指す天の御国へと行き着くことでしょう。そのときまで、わたしたちは信仰と希望と愛を一にする、旅の仲間として、この一年も共に歩んでゆきましょう。

（2020, 1/1）

2・1～8

1節

「だから（ウゥン）」は前章までの議論全体を前提とするが、特に1・23「神の変わることのない生ける言葉によって新たに生まれたのです」を受けての言葉である。ペトロは、「先祖伝来の空しい生活」（1・18）が具体的にどのようなものであったかを、悪徳表として「悪意、偽り、偽善、妬み、悪口」の五つを挙げる。これがすべてということではなく、キリスト者の生き方にそぐわないものの代表例を挙げていると考えるべきである。これらを「捨て去って（アポセメノイ）」（脱ぎ捨てて）と命じるのは、キリストを信じた後もこれらの古い生活習慣が無縁ではないからである。自分自身の生活において、またそれ以上に周囲の文化的影響や圧力において、古い習慣は絶えず影響力を及ぼす。したがって、信仰者の生活はこうしたかつての「むなしい生き方」への抵抗と闘いでもある。しかし同時に、ペトロが捨て去るようにと命じるのは、こうした悪い生き方を離れることが可能だからである。

2節
悪い生き方を捨て去って、どうすべきなのか。ペトロはここで肯定的な信仰者の生き方を指示する。「生まれたばかりの乳飲み子のように、理に適った、混じりけのない乳（ト ロギコン アドロン ガラ）を慕い求めなさい」。そのような霊的な糧によって養われるようにと命じる目的は、「これによって成長し、救われるようになるため」である。神からの霊的な糧によって養われ続けることが、救いの完成へと至る過程であることがわかる。救いとは一回限りの回心やバプテスマのことではなく、そこから始まって生涯に亘って継続されるプロセスである。

信仰者が霊的な糧によって養われるというペトロの表現は、1節の悪徳表との対比でいっそう意味が明らかになる。信仰を持つ以前は、1節の悪徳表が代表する、悪い霊的な糧によって養われていた。その成長がどのようなものかを想像することは難しくない。だが信仰者は、そのような悪い糧による養いを捨てて、神からの霊的で純粋な糧によって、救いへと成長させられている。

3節
明らかに詩編34・9「味わい、見よ。主の恵み深さを」を意識して、ペトロは2節の神の乳による霊的な養いの喜びを読者に思い起こさせる。信仰者は主が恵み深い方であることを、自らの救いと霊的な養いによる成長をとおして、実際に味わい、体験しているのである。

4節
それは一度限りの体験ではなく、本質において継続的である。養われ続け、味わい続けなければ信仰者として生きられない。だから、「主のもとに来る」ことが求められる。続けてペトロは、この方すなわち主キリストがどのような方であるかを説明する。キリストは「生きている石」、人には捨てられたが神には「選ばれた」「尊い」生きている石である。イザヤ28・16のイメージが用いられている。

5節

ここで読者は、自分たちとキリストの関係について思い起こさせられる。パウロも用いた建物のイメージにより、信仰者は生きている石であるキリストと結ばれて、一つの建物（神殿）へと建て上げられることが前提されている。信仰によってキリストと結ばれるということは、「霊の家に造り上げられる」ことであり、その家は神と人との間を取りなす祭司の務めを担う神殿である。だから、キリストをとおして「神に喜んで受け入れられる霊のいけにえ」を捧げるのである。「霊のいけにえ」が何かをペトロは言わない。しかし、一節の悪徳表を踏まえれば、それらと対極のものであることが理解できる。

6〜8節

ここでペトロは、イザヤ書とホセア書から自由に抜粋引用して、生きている石であるキリストがどのような方であるか、そしてキリストを信じる者の身分を明らかにする。

最後に裁きの言葉を述べるが、予め御言葉に従わない人が定められていたということではなく、御言葉に従わないならキリストという石に躓くであろうことが定められていたという意味に解釈しておく。

説教　わたしの魂は神の霊によって養われる

イザヤ書28・16
ペトロの手紙一2・1〜8

この時節、おいしいものが多いですね。お正月太りという言葉を実感しています。ただ食べ物が必要だというだけでなく、必要以上においしいものを求めて、過剰な栄養摂取になりがちです。わたしは食べるのが好きですし、おいしいものを食べるのは嬉しいです。わたしたちの身体は、物質的な食べ物によって養われるので、これは仕方ないし当然のことです。でも、たぶんわたしたちは、身体的なことについて、生きるために必要だという以上に、食べ物に強いこだわりを持ち、とても強い関心を抱いています。だが、魂についてはどうなのでしょうか。魂の糧というものがあるとすれば、それは物質的なものではないはずです。肉の糧という言い方をしますが、それと対照的な霊の糧は、非物質的なもののはずです。ジャンクフードばかりでは体を壊しますが、そんなに注意深くなくても大丈夫と思います。だが、魂を養う霊の糧の方が、ほんとうはもっと注意を必要とします。なぜなら、魂を何によって養うかは、わたしたちの魂の在り方に影響するからです。でも、現実にはほとんどみんな無関心です。

ペトロはきょうの聖書箇所で、わたしたちの魂を養う糧として、二種類の霊的な食物を対比させ、わたしたちがどちらによって養われるべきかを、はっきりと示しています。わたしたちの魂を養う糧の一つの種類として、ペトロは具体的に五つの例を上げています。悪意、偽り、偽善、ねたみ、悪口。これらが魂の糧となってわたしたちを養うなら、わたしたちの魂はいったい、どのような成長をすることになるでしょうか。ほんとうなら魂の糧について、わたしたちはもっと注意深さが必要です。ところが、魂を養う糧のことを心に留める人は、実際、ほんとうにわずかです。たいていの場合、人々はこの世界にごく普通に溢れている、ありとあらゆるこの世の糧を、無頓着に、無制限に貪り続けています。この世には、霊的なジャンクフード、そのように呼ぶべき悪い糧が溢れ、至るところでわたしたちの魂に呼びかけ、語りかけ、大声でわめきちらし、わたしたちの心に入り込み、わたしたちの魂をこれらの悪い糧で養い、その結果、わたしたちの魂は、これらの悪い糧によって養われるだけでなく、それらを再生産することになります。悪意を向けられることによって、わたしたちの中に悪意が生み出されます。怒りを向けられた魂は怒りを再生産します。偽りの満ちた世界に生きることで、偽りが当たり前のことのようになります。偽善が世間の常識のように扱われることで、偽善が必要な方便のように思い込まされます。ねたみが互いへの敵意となって、人と人との関係を歪んだものに造り変えます。悪口が他の人を貶め、同時に自らをも堕落させる原因となります。それらがどれほどわたしたちの魂を歪め、あるいは互いに傷つけ、損ない合っていることか。こんな悪い糧がどれほどこの世で大量生産され、わたしたちの魂が大量消費されていることか。しかし、わたしたちはそれが普通と思い込んで、特に疑問も問題も感じないままでいます。

ペトロはそのようなわたしたちに呼びかけます。悪い霊的な糧を、「みな捨て去りなさい」と。なぜ捨て去ることができるのでしょうか。その理由は簡単です。わたしたちはキリストを通して与えられる、もう一つの霊的な糧、わたしたちの魂を正しく健全に養う、良い霊的な糧を得ているからです。ペトロはこの糧のことを、「混じりけのない霊の乳」と呼びました。「霊の乳」とは、キリストをとおしてわたしたちに与えられる、神の恵みの糧、わたしたちをキリストと結び合わせて、神の民として養い育ててくださる命の糧です。それがどのようなものかは、ペトロが挙げている五つの悪い糧と正反対の、良いものを考えるとわかるでしょう。わたしたちの魂を間違った仕方で養う、悪い霊的な糧が、悪意、偽り、偽善、ねたみ、悪口であるなら、わたしたちに命をもたらす恵みの糧は、神の善意であり、主キリストの真実であり、神の聖さとの一致であり、慈しみと愛の交わりであり、神への賛美と感謝です。

実は、体のための食物と、魂のための食物との間には、とても似ていることがあります。体は食事をして数時間経つと、また空腹を覚えます。そのまま何も食べず飲まずにいれば、いずれ遅かれ早かれ体は弱り、最後には衰弱してしまいます。魂も同じです。魂のための霊的な糧は、時と共にまた補われることが必要です。もし、わたしたちが霊的な糧によって、常に、繰り返し養われていないならば、わたしたちの魂は次第に飢え渇き、やがて痩せ衰えてしまうことでしょう。そして、そのような時こそ、悪い糧に対してわたしたちは無防備です。飢えた魂が悪い糧を貪りやすくなるからです。だから、わたしたちの魂は常に、神の霊的な糧をいただくことが必要です。日毎に養われ、週毎に養われて、わたしたちの魂は神の民として、この世の旅を続けることができます。

わたしたちの魂は、キリストをとおして与えられる、神の霊によって養われます。しかし、それはただ生きるというだけでなく、それ以上のことを意味しています。ペトロによれば、神の霊によって養われるということは、わたしたちが成長させられ、救われるようになるためだからです。わたしたちは肉体的には、年と共に成長が止まり、しだいに衰えてゆきます。しかし、魂においては、わたしたちの成長は一生かけてのことです。幾人もの兄弟姉妹を天の御国に送りました。わたしが確かなこととして言えるのは、それらの方は地上の命が終わるその時まで、霊的な成長を続け、むしろ死の直前こそ、もっとも成長を遂げたことです。

いったい、神の霊的な糧は、わたしたちをどう成長させるのでしょうか。自分のためだけの成長ではありません。わたしたちの霊的な成長とは、キリストのためであり、他の人々のためであり、この世界のための成長です。ペトロによれば、それは「霊的な家に造り上げられる」こと、すなわち、キリストと一つに結ばれて、キリストをこの世において現す、聖なる者へと育てられてゆくことです。神の霊によって養われるとき、わたしたちは、悪い糧によって養われることによって、悪いものを生み出して生きるのではなく、聖なる祭司となって、霊的ないけえを捧げる者として神に喜ばれ、同時に人々にとって恵みと幸いとなる、真に良いものを生み出すことができます。すなわち、善意と真実、聖さと愛、神への賛美を捧げて、この世を旅することになります。わたしの魂が、神の霊によって養われてさえいるなら。

（2020, 1/4）

2・9〜10

9節

「デ」を新改訳2017は訳さないが、聖書協会共同訳（新共同訳も）は「しかし」と訳す。弱い単語だが、訳した方が、前節までの「御言葉を信じない」人々と信仰者の対比が明確になる。ペトロはここで、キリストを信じる「あなたがた」が何者なのか、その正体を明確に掲げる。挙げられる四つの表象はいずれも旧約聖書に由来する。

「選ばれた民」は申命記7・6およびイザヤ43・20〜21、「王の祭司」は出エジプト19・6（イザヤ61・6）、「聖なる国民」は申命記7・6および詩編34・10、「神のものとなった民」はイザヤ4・21。これらの表象に共通するのは、この世の民から分離されたということ、そしてその分離は神の行為によってなされたということである。それが11節で「寄留者」「滞在者」と表現されている。したがって、ペトロ（パウロもヘブライ書も）は、寄留者、滞在者（仮住まいの者）ということが、無目的の放浪者あるいはこの世において一時の出来事ではなく、キリストを信じることによって、この世にある限りそうであり続ける信仰者の正体であることを明らかにする。

この世から分離されているが、しかし、この世から隔離されるわけではない。この世と一体化するのではない仕方で、この世において生きる。したがって、この世においてどのような存在となって生きるかが示されなければならない。そのことをペトロは旧約聖書に由来する四つの言葉で表現したのである。

「選ばれた民」はヘブライ人がそうであったように、人間の側の努力や選択ではなく、神による恵みの選びであることを明らかにする。「あなたがた」が神を選んだのではなく、神があなたがたを選んだ。この事実はこの世における社会的・経済的状態や立場を無意味なものにする。

「王の祭司」は個々人のことがらよりもむしろ、教会という神の民の群れがこの世に対して果たすべき務めを表す。祭司が民のために執り成しをしたように、教会は世のための執り成しを祈り、働くことを正体としている。世から分離された者たちの共同体は、世から隔絶して生きるのではなく、世にあって担うべき役割を果たす。地に神との和解、平和、祝福をもたらすべき存在である。

「聖なる国民」は、教会の聖性、そして教会の肢体である信仰者の聖性を表現する。神が聖であるように、教会とその民は聖でなければならない。このことはキリストとの一致のみによって可能となるのであり、キリストと結ばれているゆえに、信仰者はキリストの姿（思いと振る舞いにおける）に倣うことを願う。その意味において聖でなければならない。

「神のものとなった民」は、信仰者に自らの正体が神に属するものであることを意識させる。

神に属するゆえに聖なるものであり、神に属するゆえに神の御心に沿う在り方を心がけて生きる。

キリストを信じる者が、神によってこのような正体の者とされたのは、自分のためだけではなく、神の目的を果たすためである。信仰者はなぜ神に選ばれ、祭司とされ、聖なる民、神のものとされたのか。その目的をペトロは続けて示す。一言で言えば宣教、すなわち神の救いの業をこの世界へと拡げて行く働きを担うためである。ペトロは神の働きを「あなたがたを闇の中から驚くべき光の中へと招き入れてくださった方の力ある顕現」と表現する。闇から光へ。この移行はパウロとヨハネ福音書をはじめ、新約聖書全体が共通して語っていることである。「あなたがた」はこの神の働きを既に体験した者として、この福音を世に告げ知らせるために神に召されている。使徒や宣教者だけに与えられている使命ではなく、キリストを信じる者は等しくそのために選ばれ、聖なる神の民とされている。いわばこの世で他の人々に先駆けて召された、種蒔き人である。

10節

ペトロはこの議論の聖書的根拠として、ホセア書1・6、9および2・1、25を組み合わせて、信仰者の「かつて」と「いま」を鮮やかに対比する。「今は神の民、今は憐れみを受けている者」だと。ここで「闇の中」にあった状態がどのようなものであったかが明らかにされる。その時には「神の民ではなく、憐れみを受けることもなかった」と。「驚くべき光の中」は「神の民とされ、憐れみを受けている」状態、要するに光の神と共にある状態であり、それを「あなたがた」は今生きている。

説教　わたしたちにとってもっとも大切なことは

ホセア書2・23〜25
ペトロの手紙一2・9〜10

わたしたちはいったい何者なのか。青年期に多くの人が抱き、また直面させられる問いです。青年時代のある時は、危機の時代でもあります。わたし自身、この疑問を抱いたまま、自分の正体が見出せず、この世界の中で自分の存在が不確かで、不安定なもののように感じていました。ほとんどの人は生まれた時から、それぞれに与えられた環境で、自分の正体をわかった気になっています。親が自分の正体の根拠であり、親の立場や収入や名前が、自分が何者なのかを保証してくれます。その他にも家族や親族や一族の歴史、また住んでいる地域や民族や国家、友だちや通っている学校や先生が、自分の正体を確かなものにしてくれている、そのように思い込んでいます。

しかしやがて、それらが自分の正体そのものではなく、そうしたことで自分が何者かを保証しない。その事実に気付かされることでしょう。その時から、わたしたちはようやく、自分はいったい何者なのか、自身の正体を模索し、探し始めます。自分の正体の根拠と思っていた親を離れ、家を離れるにつれて、自分の正体を形作っていた様々なものが、本当は自分自身の正体ではなく、一時的に身に付けていただけだと悟ります。それでも、多くの人は、これまで自分がまとってい る何かに基づいて、自分が何者かを考えてきました。誰と結婚しているかで自分の正体を評価し、どんな家族がいるかで判断し、職業や社会的地位や所有財産によって、自分が何者かを考えることは、青年期の一時期を過ぎると、また普通の考えになっていってしまいがちです。しかし、世界は激しく変化しています。自分の正体を保証していると思っていたものが、今では揺らぎ、不確かになり、安定した未来など見えてはこない。そんな時代が来ています。自分の正体を保証すると思っていたものが、不確かになり、揺れ動き、崩れてゆく現代、多くの人は自分の正体がわからないまま、不確実性の中を漂っているように思います。

自分が何者かを保証してくれるもののない、不確かな世界という現実は、しかし、今の世界に限ったことではありません。大きな時代の変化の時、世界そのものが不確かな時代、不本意な現実が世界を包み込む時には、人々は自分の正体がわからず、自分が何者なのか不確かでした。ペトロがこの手紙を書き送った小アジアの北部、今のトルコ北部の地域は、ローマ帝国の中でも辺境の地です。自分の正体を保証する確かなもののない、不安定な世界で生きる人々に、福音が宣べ伝えられ、彼らがキリストを信じたとき、人々は自分が何者なのかを悟りました。一つ先の一一節の言葉を借りるなら、キリストを信じた人々は、この世において「旅人」となり、「仮住まいの身」となって、この世と一体であることから離れ、自分の正体を決めてくれると思い込んでいた、この世から離れて、キリストを信じることによって、キリストをとおして与えられる、新しい身分、新しい正体を得たのでした。その正体のことを、人々はキリスト者、すなわちキリストに属する民と呼びました。この世の過ぎ去るものに依存する、一時的なかりそめの正体ではなく、永遠の神の言葉であるキリストに基づく、朽ちず過ぎ去らず失われることのない、永遠の変わることのない正体です。

一世紀の終わりに、小アジアの辺境の地で生きる信仰者に宛てて、ペトロは「あなたがた」が何者なのかを、四つの言葉を用いて宣言しました。あなたがたは、選ばれた民、王の血統を引く祭司、聖なる国民、神のものとなった民ですと。どれもペトロが編み出した言葉ではなく、旧約聖書の中で神の民を言い表すため、何度も用いられている言葉です。ペトロはそれらをキリスト者に用いました。ペトロは四つも並べて、キリスト者の正体を言い表します。それだけ大切であると同時に、それだけ必要だったからです。

この世界は人をこの世の価値や、この世の地位、身分、財産、権力で評価し、人の正体を家柄や富や地位や権力で決めます。生まれつき高貴な身分であったり、豊かであったり、支配階級や特権階級である人は、それが自分の正体だと思い込み、周囲の人々もそれをその人の正体と思います。では、奴隷や下層民はどうでしょうか。苦難や病を負っている人、不幸な出来事で多くを失った人はどうなのでしょう。それが彼らの正体なのでしょうか。

この手紙の宛先の人々はどんな人たちか、わたしたちは手紙から推測できます。彼らの多くは奴隷であったり、下層民であったり、この世において不遇な境遇の人々でした。この世の常識からすれば、彼らの正体はみじめで取るに足りません。だが、彼らはキリストを信じました。その時、彼らは新しい正体を得たのでした。彼らは自分が本当は何者か、キリストを信じたゆえに、神との関係で考えるようになりました。きっと、彼らの中にも少数ですが、身分や地位のある人、経済的に豊かな人もいたでしょう。でもそれが何だというのでしょう。奴隷も自由人もキリストにあって関係なく、豊かな人も貧しい人も等しく神に愛され、神による特権階級とされているのです。この世が与える身分や正体に関係なく、「あなたがた」は今や、選ばれた民であり、王の系統を引く祭司であり、聖なる国民であり、神のものとなった民です。

この「あなたがた」の中には、わたしたちも含まれています。この世の何かを誇ることによってではなく、神の前に受け入れられて、聖なる者とされている、そのことのゆえに、わたしたちは自分の立場や境遇に関係なく、胸を張ってこの世を生きて行きます。この世において旅人、仮住まいの身となることは、この世とのつながりをなくすことではなく、この世を捨ててしまうことでもありません。わたしたちは今もこれからも、家族のある人は家族と共に生き、なにがしかの財産を持ち、あるいはほとんど何も持たず、人種も民族も同じで、国籍もこの世のどこかに持っています。だが、そうしたこの世のもろもろが、変わらない永遠の正体ではなくなり、わたしたちの身分の保証でもなくなり、キリストとのきずなによる、永遠の身分、永遠の正体が、わたしたちが何者であるかを決めます。わたしたちにとってもっとも大切なことは、この世の何かによる価値付けから解放され、わたしたちがいったい何者であるかを、天の神との関係で言い表せることです。

わたしは確信しています。これからこの世界は、いっそう激動と混乱の時代になり、貨幣や資産は価値を失い、世界から確かなものは失われることでしょう。ペトロは言います。金や銀は朽ち果てると。何がわたしたちの正体を支えるでしょうか。わたしはいったい何者なのか。ペトロはわたしたちにはっきりと教えます。あなたがたは選ばれた民、あなたがたは王の血統を引く祭司、聖なる国民、神のものとなった民ですと。あなたが何者であるかは、あなたの境遇や立場とは関係がありません。どこの国籍か、どの人種か民族かに関係なく、豊かか貧しいかに関係なく、健康か病気かに関係なく、家族の有無やその他の何にも関係なく、キリストを信じるということは、神との永遠の関係において、驚くべき特権的な身分を与えられることです。

選ばれた、聖なる民、神に属する者とされて、わたしたちはこの世を生きています。それだけでなくペトロは、もう一つ、わたしたちの正体を語ります。あなたがたは「王の血統を引く祭司」と。祭司の務めは古代から現代まで変わりません。世のために祈り、神の恵みと救いを人々に告げ知らせ、人々のために執り成す務めです。わたしたちはこの世で、神によって祭司の務めを委ねられています。この世と世の人々のために祈りましょう。神の平和を祈り求めましょう。神の愛と憐れみを表しましょう。それが祭司であるわたしたちの務めですから。

（2020, 1/12）

2・11～12

11節

「愛する者たち、わたしは勧告します（アガペートイ、パラカロー）」という書き出しで、手紙はここから勧告部分に入る。しかし同時に、この箇所は前節までの内容をまとめる意味合いも込められている。勧告の内容「肉の欲を避けなさい」という命令を与える相手を、「寄留者であり滞在者として（ホース パロイクウス カイ パレピデーモス）」と二つの言葉で表現するからである。ペトロはここまでの議論で、「あなたがた」信仰者が何者なのかを繰り返し告げ知らせてきた。この二語は、そうした信仰者の正体を要約して表すものである。

「寄留者（パロイコス）」は市民権を持っていない異国人（エイリアン）、逗留中の旅人、あるいは難民を意味する語。その意味は前節「神の民ではなかったが、今は神の民であり」に示される。この世の民であった時はこの世の市民として定住者であった。その者が神の民とされた時、この世の定住者であることから神の支配に属する者となった。それが意味することは、この世が一時滞在の場所となったことである。

「滞在者（パレピデーモス）」は異郷に一時的に滞在している人。今住んでいる国には国籍を持たず、定住者としてではなく寄留の外国人としての滞在者。

この二つの語によって表現されるキリスト者の正体が、この手紙の1・1以降ここまでの主題である。すでにペトロは1・1で手紙の受取人を「各地に離散し、滞在している選ばれた人たち」と呼び、この世での信仰者の立場がどのようなものかを明らかにしている。

「あなたがた」が何者なのかを再度明らかにした上で、それだからどのように生きるべきかが、勧告の内容である。最初にペトロが命じるのは、「肉の欲を避けなさい、それらは魂に闘いを挑むものだから」。寄留者であり滞在者であるという霊的な自覚を失わせる仕方で、肉の欲は信仰者を攻撃するということであろうか。肉の欲が何かを具体的には示さないが、ペトロは寄留者、滞在者であることを放棄させて、この世に国籍を持つ定住者にしようとすることを念頭においている。

12節

「異邦人の間で（エン　トイス　エスネシン）」を、聖書協会共同訳は「異教徒」と訳す。寄留者であり滞在者であるキリスト者が、現実として異邦人つまり非キリスト教徒のただ中で生きている事実を思い起こさせる。信仰者は世と世の人々から隔絶して生きているのではなく、彼らのただ中で日々の生活を送っている。その現実の中でどう生きるべきなのか。ペトロは簡潔に「あなたがたの生き方（アナストゥロフェー）を立派なものに（美しいものに）しなさい（エコンテス　カレーン）」と命じる。異邦人の中で美しくない生き方は信仰者にふさわしくない。善をおこない、愛と憐れみを生き、公平であることが信仰者にふさわしい生き方である。そのような生き方をすることがどのような結果をもたらし得るか。ペトロは「ヒナ」で導入される目的節で信仰者が何を期待すべきかを告げる。「悪事をおこなっているとしてあなたがたを悪く言う彼らの間で、あなたがたの立派な（美しい）おこないを観察することで、彼らは（神の）訪れの日に神をあがめることになるのだから」（直訳）。

キリストを信じるという非合法の信仰を抱いているという理由で、偏見や悪意の対象とされている現実が伝わってくる。そのような敵意を向けられている中でも、信仰者は良い（美しい）振る舞いを保つことによって、偏見や悪意の先入観を持っていた人々が、信仰者の生き方を観察することによって、彼らの考えが変わり得る。実際、古代教会で人々がキリスト教に惹かれて教会に集った大きな理由の一つが、信仰者の愛と憐れみの振る舞いにあったことは、古代教父たちも、キリスト教を批判攻撃した人々も、等しく証言している。「訪れの日に（エン　ヘーメラー　エピスコペース）」は終わりの時の神の来臨。たとえ地上の日々の中で信仰者の正しい生き方が評価されなくても、終わりの時の裁きにおいてすべてが明らかにされることへの希望であろうか。その日に「彼らが神をあがめることになる」が、彼らにどのような変化もしくは結果をもたらすことなのかは、ペトロは語らない。

説教　わたしは旅人、仮住まいの身

ホセア書13・4～6
ペトロの手紙一2・11～12

きょうの箇所は、一ペトロ書の要となる箇所です。ここが、前半部分と後半部分の分かれ目、両方のつなぎの箇所、あるいは橋渡しの箇所です。

新約聖書の手紙は、パウロの手紙もそうですが、ほとんどの場合、前半に信仰の基礎となる教えがあり、後半では、それに基づいた具体的な生き方が、人々に勧告されます。ペトロの手紙一もそうです。きょうの箇所は、日本語だと順序が逆になりますが、原典を直訳すると、冒頭部分はこうなります。「兄弟たち、わたしは勧告します」。この「勧告します」という言葉が、後半部分の導入なのです。

しかしペトロは、ただ後半の勧告を語り始めるのではなく、前半部分のまとめを最初に告げます。「旅人であり仮住まいの身の者として」と。きょうの説教の準備をしていて、この言葉を読んだとき、わたしは気付かされました。そういえば、前半に当たる箇所、1・1～2・10からの説教を振り返ると、すべての説教で主題が一つなのです。それは、わたしたちをも含めて、「あなたがた」が何者なのか、キリスト者の正体について、繰り返し教えていることです。毎回の説教で、キリストを信じる者が何者なのか、そのことを語っていたのでした。わたしがそう意識したからではなく、聖書の箇所自体がそうだからです。「あなたがた」は何者なのか。それをペトロは自覚させようとしています。それだけ重要なことであり、同時に忘れてしまう恐れがあるからです。

人は誰でも、自分の正体をはっきりと理解してこそ、どのように生きるべきかが見えてきます。だからこそペトロは、2・10で改めて信仰者の正体を告げた上で、「わたしはあなたがたに勧めます」と、具体的な生き方をこの箇所から語り始めます。キリストを信じる者の正体は何か。あなたがたは何者なのか。ペトロは二つの言葉でそのことを表現します。ペトロが告げるその二つの言葉は、わたしたち自身の自己理解を根底から変える、衝撃的な言葉です。「旅人」であり、「仮住まいの身」。それが「あなたがた」の、そして「わたしたち」の正体だと言います。

旅人で仮住まいの身。ずいぶんと穏やかな日本語に訳されています。だが、もともとの言葉の意味は、もっと強烈で元に戻ることのできない、根本からの身分の変化を告げる言葉です。あなたがたは「この国に属さないよそ者」、エイリアンであり、あなたがたは「一時的にこの世に滞在している、在留外国人」。それがペトロの告げることです。

キリストを信じるということは、わたしたちの信念とか思想の問題ではなく、わたしたちの存在そのものの正体、わたしたちが何者であるかということが、根底から変化させられ、別の身分、別の正体へと、新たに造り変えられることです。パウロの言葉によれば、新しく創造されたのでした。もはやこの世の国が本国ではなく、この世の定住者ではない者とされました。では、今は本当はどこに属し、どこの民で、どこが本国なのでしょうか。ペトロは言います。あなた方は聖なる国民、神の民ですと。それは、わたしたちの本国が、この世界の中のどこかにではなく、永遠の神の御許にある、パウロの言葉を使うなら、わたしたちの国籍は天にあるのです。

なぜペトロは、そのことを何度も繰り返して教え、今再び強調する形で、人々に告げ知らせるのでしょうか。なぜあなたがたは旅人であり、この世では仮住まいの身だと、ここで改めて告げるのでしょうか。その理由は明らかです。聖なる神の民とされていながら、そのことを忘れてしまい、この世と一体化して、この世の定住者になりきってしまい、神の民であることを忘れ、聖なる者として生きなくなることが、旧約聖書の中で繰り返されたからです。イスラエルの民が神の民である自覚を失い、世の人々と同じになり、この世の定住者として、世と一体化してしまう現実が、旧約聖書に溢れています。それは旧約聖書という昔の出来事ではなく、キリストを信じる人々にも、同じ問題が生じていたからです。

イスラエルの民は、神によってエジプトの奴隷から救われ、神の民としての祝福を受け、それゆえに神の民としてのライフスタイルを、自らの生き方として喜ぶはずでした。ところが、荒れ野を旅していた時代が終わり、カナンという土地に定住し、そこで生活が安定して豊かになり、財産が増し加わり、王国を築いて繁栄し、満腹になり満ち足りると、高慢になり、神を信じる必要はないと感じ始め、ついには神を忘れたのでした。預言者ホセアは、神の民であるはずの人々の現実を、そのように語るのです。

　この世での満足、富は、わたしたちの生活を楽にして快適にします。あるいは、そのような者として成功することを願い、その欲望を増し加えてゆきます。そうなればなるほど、わたしたちはこの世との一体化が進み、神の民であるよりも、この世の定住者になって、世に根を張り、世に結びつきます。この世の立場や富や安全、この世での安泰や満足が第一になるとき、人はよほど注意し心しておかないと、神を第二の位置に引き下げ、次第に神の順位を低くして、いつしか神を忘れるほどに、はるか下の低みに神を貶めるでしょう。その時どうなるかは明らかです。神を忘れると共に、神の求める平和も正義も公平も、この世の価値と優先順位に敗北します。自分の国の豊かさが危ないと言われれば、平和よりも軍事力を選び、自分の特権的な地位や立場を守るため、他の人々の貧しさや苦しみに無関心になり、神の国と永遠の命をいただくことよりも、この世の物質的な蓄えを、自分や自分の子どもたちのために、第一に追い求めることでしょう。そうなってしまうことのないよう、ペトロは信仰者の正体を自覚すべきことを、人々に最初に求めたのでした。

　わたしは何者か。わたしは神の民とされたことによって、旅人であり仮住まいの身となった。わたしはこの世でよそ者であり在留外国人。そのことをしっかりと自覚してこそ、わたしたちは節度をもって、なおかつ健全な仕方で、この世で生きることができます。わたしたちはこの世と運命を同一にしません。この世と共に沈没しません。この世と一蓮托生の、運命共同体を生きてはいません。わたしたちは神によって世から引き出され、天に国籍を持つ者とされました。この世で暮らし、この世を歩んでいて、この世で一生懸命生きていますが、わたしたちは天の故郷を目指して旅する、この世の旅人。わたしたちは天に国籍を持つ神の民。この正体を自覚してこそ、わたしたちは過剰な欲望に焼かれず、余計な心配や恐れに飲み込まれず、真実の意味でこの世を楽しんで生きます。そのように生きるのでなければならず、そのように生きることができます。そのことをペトロは、「魂に闘いを挑む肉の欲を避けなさい」そう命じたのでした。わたしたちにとって第一の喜び、もっとも優先されるべき神の恵みと祝福は、財産の増加ではなく、預金通帳の金額を増やすことではなく、名誉や地位を自慢することでもなく、この世の旅人として、仮住まいの身として、天の国と永遠の命を望み見て、その最後の行き先を確信して、この世を節度をもって生きることです。

この世で人がどう思おうと、わたしたちは気にしません。日曜日の貴重な休日を、教会に行くために使うなんて、なんともったいない。そう思う人には思わせておけばよい。神を信じてもうからない。そう言う人には言わせておけばよい。天の国と永遠の命なんて、ごはんのおかずにもならない。そう悪口を言う人は言えばよい。わたしたちはこの地上の命終わる時、自分が信じて来たことのゆえに、平安と感謝を抱いて神のもとに行きます。わたしたちは旅人、仮住まいの身。そうであれば、この世で信仰者として、良いおこないをして生きます。それがわたしたちの生きる道ですから。

（2020, 1/19）

2・13〜17

13、14節

ペトロはここから具体的な信仰者の倫理的生き方を述べる。勧告の部分は一〇節からすでに始まっている。ペトロは具体的な倫理を語る前に、信仰者としての生き方の大原則を10〜12節で告げ知らせ、その事実に基づいて一三節からの倫理を語る。したがって、わたしたちは10〜12節のペトロの言葉、寄留者であり滞在者として、異教徒の間で生活をしているという現実の中で、どう生きることが立派な（美しい）振る舞いであるかを原則として考えることが必要である。その上での具体的倫理勧告であることを見落としてはならない。

最初にペトロが挙げるのは、「すべて人間の造り出したもの（パーサ　アンスロピネー　クティシス）」にあなたがたは従いなさい（ヒュポタゲーテ）」である。新共同訳、聖書協会共同訳、新改訳2017共に、「クティシス」を「制度」と訳す。文脈からすれば国家や支配者の秩序を語っているので、「制度」と訳すことはあり得るが、ペトロはもう少し広く考えて、本来「創造」を意味する「クティシス」を用いたのであろう。「クティシス」は、ここから先にペトロが倫理的勧告として示すあらゆる社会的秩序や世の現実を含めている。

「従いなさい」との命令をペトロは与えるが、決定的な条件付けが加えられている。「主のために（ゆえに）（ディア　トン　キュリオン）」と。この句は、キリスト者が主に属しており、従って主の絶対的権威の下にあることが大前提である。人間の造り出したもの、それが制度であれ、秩序であれ、法であれ、主キリストの支配の下にある者として、主に従うことのゆえに従うことが求められる。無条件の絶対的服従が命じられているのではないことは明白である。絶対的服従は主キリストに対してだけである。ここから先の倫理的命令はすべて、この「キリストのために（もしくは「ゆえに」）」という条件のもとでのこととして読まなければならない。

ペトロはその「人間の造り出したもの」を、社会の秩序における二つの立場に代表させる。「～にしろ、～にしろ（エイテ、エイテ）」で繋げ、「統治者としての王であれ」「彼（王）に遣わされた総督（ヘーゲモーン）であれ」と。王は統治するという役割を負い、総督は「悪人の処罰と善人の称賛をおこなう」という役割を負うゆえの服従命令である。したがって、無条件での服従とは異なる。ただし、服従しないことが現実的な選択肢であるかどうかは、別の問題である。

15節

なぜ服従するのか。その理由をペトロは「なぜなら（ホティ）」という、理由を導入する接続詞で明記する。「なぜなら、神の意志はこういうことだから」と述べて、この世においてキリスト者が服従を生きる理由を神に帰する。「思慮のない者たちの無知な言葉を沈黙させるため」であると。ペトロは権威や世の秩序に対する服従を、それらへの恐れに基づいてのことや、根拠のない絶対服従にはしない。神の意志が世に表されることを、服従の明確な目的としている。

16節

「自由な者として」。従う者であるキリスト者はいったい何者なのか。ペトロはそのことを断定的に述べる。「自由な者として（従いなさい）」と。だが、その自由は無条件・無制限なものではない。「悪事を覆うための自由ではなく」。神によって自由とされたことが、反秩序や無道徳の口実にされてはならない。むしろ、信仰者は権威によって強制されて従うのではなく、自由な者として従う。そこには自らの意志で善を選ぶという選択が存在している。そのことをペトロは、パウロとまったく同じように、こう言い換える。「そうではなく、神の奴隷として（アッラ　ホースセウゥ　ドゥウロイ）」。人は神の民ではないか、神の民であるかのどちらかである。神の民でなければ罪の奴隷であり、神の民であれば神の奴隷である。所有者のない自由はない。神の民は、神のものであり神に所有されている、神に属するものである。キリスト者の自由の意味が明確にされる。

17節

ペトロは最後に四つの命令を与える。キリスト者がこの世においてどのように生きるかの倫理的原則が述べられる。

「全ての人を敬いなさい」。

ここでペトロは「全ての人（パンタス）」と言い、そこにいかなる条件付けも加えられてはいない。民族、人種、身分の上下、出自と家柄、奴隷と自由人、男と女、健常者としょうがい者、その他、一切の区別がなく、人として見下すことなく対等性を認め合う人間の関係が、信仰者の生き方である。

「きょうだいを愛しなさい」。

教会の中での信仰者同士の関係を挙げる。男性形の「兄弟」だが意味は兄弟姉妹。聖書協会共同訳はそのことを含めて「きょうだい」とひらがなで表現する。教会共同体の人間関係は、愛し合うことがほとんど独占的に重要であり、その他の関係性はすべて二義的以下である。愛することとは、無関心でいないということである。兄弟姉妹の喜び、悲しみが共有されてこそ、愛が成り立つ。

「神を畏れなさい」。

人の目を気にして生きるのではなく、神の前に常にあること、詩編の詩人の言葉によれば「神に相対して」生きることである。神は日曜日だけ意識されるべき生き方ではない。神への賛美と感謝、そして神の義と公平を喜ぶことが、信仰者として神と向き合って生きる上での、絶対的な前提でなければならない。

「王を敬いなさい」。

「全ての人を敬いなさい」というときと同じ動詞「ティマオー」が用いられている。そうであれば王（皇帝）は特別扱いされてはいない。人としての尊敬を抱き、それ以上でも以下でもない。王に従うのは、王が人以上だからではなく、まして王が神だからではない。

説教　この世の支配を支配する主イエス

アモス書4・11〜13
ペトロの手紙一2・13〜17

教会と国家はどのような関係にあるのでしょうか。今の時代、日本ではあまり意識しないでしょう。しかし、今から四百年前、一六二〇年の日本だったらどうでしょう。時代は江戸時代の初め。この年の前後数年は、幕府によって、キリシタン迫害が大規模におこなわれ、何百人もの信者や聖職者が処刑されています。国家によってキリスト教信仰が弾圧され、教会も慈善事業も国家によって破壊され、教会と国家の関係が問われた時代でした。明治のはじめになっても、二百五十年続いたキリスト教禁止令は、そのまま残されていました。二百年以上、密かに信仰を守った、潜伏キリシタンたちは、明治政府によって逮捕され、何百人もが獄中死しました。国家による教会弾圧でした。西欧諸国の猛烈な抗議を受けて、明治政府はしぶしぶ、キリスト教禁止令を廃止したのです。第二次世界大戦の最中、天皇とキリストとどちらが偉いかと問われ、明確に答えなかったり、キリストですと答えた牧師たちが逮捕され、数十人が獄中で命を落としました。一方、西欧世界では、三百年に亘るキリスト教禁止の時代に、国家による大迫害が何度も起きました。四世紀から劇的に世の中が変化し、教会と国家は一つに結びつきました。教会が国家の権力と関わるようになり、それが多くの別の問題を生み出しました。

教会と国家はどんな関係にあるのか。キリスト者にとって、これは最初からずっと大きな問題でした。ペトロとその時代も同じです。そもそも、ペトロもパウロも、その他のほとんどの使徒たちも、国家の手で処刑され、殉教の死を遂げたのでした。いつの世も、どの世界でも、王がいて人々を支配してきました。王がいないということは、混乱と秩序の崩壊を意味していました。だから、しっかりした支配者がいることは、人々にとって安心をもたらしました。しかし、良いことばかりではありません。王がいるということは、王によって支配されるということです。王が理不尽であったり無慈悲であったり、あるいはとても好戦的であったり、欲が深ければ、支配される人々は苦しめられます。

キリストを信じるということは、キリストをわたしの主と信じることです。わたしたちは現代では気軽に、「主キリスト」と言います。でも、それが本当に意味するのは、時と場合によっては恐ろしいことです。「わたしの主は王ではなくキリストです」ということですから。たぶんこの世の支配者である王は驚き、たいていの場合、怒ることでしょう。「王さまがわたしの主です」

と言え！そう怒鳴り、命じるかもしれません。そう言わなければ処刑されるかもしれません。実際、そうなりました。それを拒んだから迫害が起きたのです。ひとたびイエスがわたしの主と言えば、王さまは主ではないと言うのと同じ。逆に言えば、王に従うこととキリストに従うことは、矛盾し対立することになるかもしれません。教会と国家、キリストと王さま、そのどちらに従うべきなのか。それが最初からの問題でした。

ペトロはこの難しい問題に答えるため、きょうの聖書箇所を書いたのでした。ペトロの指示はこういうことです。「あなたがたは、すべて人間の立てた制度に従いなさい」。国家や支配者の言うことを聞けということでしょうか。この言葉は歴史の中で、支配者に都合良く使われてきました。また、支配者の脅しや暴力を恐れて、あるキリスト者はこの言葉を都合良く使って、王や国家の言うとおりにする口実にしました。でも、悪い王に従う義務があるでしょうか。冷酷な支配者でも従うべきでしょうか。他国や民族を侵略するように命じられた時、信仰者は「いや」と言わないのでしょうか。

ペトロは「従いなさい」と命じます。でも、無条件にではありません。ペトロはこう付け加えるからです。「主のために」従いなさいと。「主のために」とは、主キリストの役に立つように、主キリストの御心に基づいて、という意味です。キリスト者は誰でも、主キリストに属する者であり、主キリストの権威の下にある。それが大前提です。この前提をしっかりと踏まえて、世の制度に従いなさいと命じるのです。ということは、この世の制度も秩序も権威も、すべては主のためになるかどうかで、判断され吟味されるべきだということです。キリスト者はこの世の制度を重んじ従います。その制度がキリストの愛と憐れみに役立ち、あるいは対立することがない限り。キリスト者はこの世の制度に従います。その制度が神の義と公平に有益である限り。それが、わたしたちが世の制度に従う、明白な条件であり理由であり目的です。

そもそも、この世のいかなる制度も、世の秩序も権威も支配も、神と無関係ではありません。なぜなら神が万物の創造主であって、この世の存在自体が神によるからです。この世の善、美、正義、制度、秩序、それらは全て神によって造られ、神によってこの世界に与えられたもの。それはキリスト教だけの特権ではなく、この世界そのものの存在原理であって、全人類、万物に普遍的なものです。たとえキリストを知らないとしても、神による創造の良いものは、普遍的に世界に存在します。国や民族や文化によって、制度や秩序の具体的な形は異なっても、神に与えられている根本原理である、愛、憐れみ、正義、公平は、全人類とその制度や秩序に共通します。キリストを信じる人々は、この普遍的な価値を世にもたらすから、この世の制度を重んじるのです。

ただ重んじるだけではありません。キリスト者はそうでない人たちよりも、本来はいっそう明確に知っているはずです。世界を創造した神、世の罪を贖い、救いをもたらすキリスト、今も神と世界を繋ぐ聖霊を、信仰者は他の人々よりも知っているからです。だからキリストを信じる人々は、神の御心に基づくこの世の在り方、この世の制度がどうあるべきかを、神の教えに基づいて広める責任があります。世の人々はほとんどの場合、王やこの世の制度がどのようなものであれ、支配者や国家に命じられるからという理由で、それらに従うことでしょう。わたしたちは同じように従うとしても、その動機と理由は異なります。わたしたちは、この世の制度が、神の意志と神の善を世にもたらすから、この世の制度に従います。したがって、そこには条件があります。世の制度がキリストのために役立つから、それらに従うのです。

支配者や世の制度が神の御心に反する時、キリスト者は反対する義務があります。わたしたちはこの世の僕から、神の僕へと移されたからです。わたしたちはこの世においては、旅人、仮住まいの身であって、この世の定住者ではなくなりました。世はわたしたちを支配してはいません。この世が神のものだから、神の善、神の愛、神の正義が、この世に表されることを願い、そのように生きるのです。ですから、わたしたちは世から自由です。そこでペトロはこう言います。「自由な人として生活しなさい」。その自由は好き勝手に振る舞う自由ではなく、神に従う者、神の僕として生きる自由です。この世の支配にではなく、神の支配の下にあって、主キリストの権威の下で、わたしたちは生きています。

その神は、この世の支配を支配する方。この世の支配を支配する主イエスを信じて、この世を神の僕として生きる人たち、つまり、わたしたちに、ペトロは四つの命令を最後に与えます。第一の命令は、「全ての人を敬いなさい」。人はほとんどの場合、全ての人を敬ったりはしません。自分が尊敬したいと思う人、自分の親、先生、偉人、有名人、恩人、そういった人たちだけを敬います。そして、そうではない人を低く見ます。ペトロは「全ての人を」と言いました。そこに条件付けはありません。どの民族の人か、どの人種か、どんな肌の色か、身分や地位が高いか低いか、どんな家柄か、奴隷か自由人か、男か女か、健常者か障害があるか、それらによって一切区別することなく、「全ての人を敬いなさい」。敬うという言葉は、その人の名誉を高くしなさいという意味。人としての尊厳を低めてはならない。それがこの命令の意味です。キリストを信じて主イエスと呼ぶ人は、全ての人を敬うように召されたのです。

第二の命令は、「きょうだいを愛しなさい」。これは教会の中で、わたしたちが互いにどういう関係を持ち、互いにどう接するかです。教会という共同体での人間関係は、互いに愛し合うということが、ほとんど独占的に重要です。金持ちだからとか、立派だから、地位があるから、親切だから、役に立つから、そういったことに一切関係なく、愛し合うことだけが教会を築きます。その他のことはすべて二の次三の次。愛するということは、互いに無関心ではいないということです。喜んでいる人がいたら喜びます。悲しんでいる人がいたら悲しみます。教会の中で誰かぽつんとしていたら、その人と話をして笑顔を交わします。困っている時はできるだけ助けます。

第三の命令は、「神を畏れなさい」。わたしたちは人の目を気にして生きません。人からどう思われるか、人から何か言われた、人の評価は風のように受け流し、ただ神の前に常にあることだけを、わたしたちは心に留めます。詩編の詩人が歌うように、主は来られます。地を裁くために。来られる主を待ち望み、その時を楽しみにして、わたしたちは神に賛美と感謝を捧げ、神の義と公平を喜んで生きます。
第四の命令は、「王を敬いなさい」。なんだ、やっぱり王さま、でしょうか。いいえ、この命令は、王を特別扱いしてはいません。王を敬いなさいという言葉の動詞は、全ての人を敬いなさいという、第一の命令の動詞と同じです。王に対しても、人としての敬意を払い、しかし、王を人以上に高めず、まして王を神のようにはしない。それがこの命令の意味です。王に従うのは、王が人以上の存在だからではなく、王に高貴な血が流れているからではなく、世の制度を維持し秩序をもたらす、その務めを神に与えられているからです。でも、そのような王は時代の産物です。現代では、実際の統治をする王はいません。王にあたる主権者は国民です。第四の命令はそのように解釈すべきです。

（2020, 1/26）

2・18～25

18節

二つ目の具体的な指示は、「召し使いたち（オイケタイ）」に対するものである。現代の読者にしてみれば、まったく理不尽な命令としか思われない。しかし、ペトロがここで扱っている問題の本質は、変えることのできない現実の中で信仰者として生きる道についてである。そうであるなら、奴隷という意味での召し使いが制度的に存在しない現代においても、ペトロの提起する生きる道は意味を持つであろう。現代においては古代よりも選択の余地は拡がり、反対や抗議が可能なことも多くあるが、それでも変えることのできない現実は今の時代にもあるからである。たとえば人種、出自、能力、治療不可能な病、しょうがい、など。現代は古代よりもはるかに克服する手段と機会が多い。しかし一世紀末の古代世界で、奴隷であることを変えることのできる人は例外的であった。

ペトロがここで奴隷よりも限定された意味で「召し使い（オイケテース）」を用いるのは、身分としては奴隷であっても、家庭の中で働くしもべを念頭に置いているからであろう。立場は奴隷に他ならない。「服従しなさい」という命令に、「あらゆる恐れをもって」と条件付けがなされている。意味は「心から」であり、したがって、いやいや、しぶしぶ、ということを戒めている。自発的、積極的に従うようにと告げる。16節の「自由な者として」が信仰者の生き方の前提だからである。キリスト者のしもべは、奴隷の身分だからという否定的な前提で従うのではなく、自らの意志で、自由な者として従う。社会的・物理的には奴隷であるとしても、信仰において精神は自由な者。それが最大限、信仰者としての尊厳を抱くことであった。

主人がどのような人間かは、しもべには選択の余地がない。善良で寛大な主人に仕えるという幸運に恵まれることもあり得る。しかし、ペトロがここで対象としているしもべは、明らかに無慈悲な主人の下にあるしもべである。しもべに主人を変える力はない。したがって、無慈悲な主人に従い続けなければならない。そうしなければ処罰される。処罰を恐れてしぶしぶ従うのか、自由な者として自らの意志で従うのか。それがペトロの問いかけていることである。

19節

無慈悲な主人によって不当な苦しみを受けるとき、しもべはどうするのか。怒りと敵意を抱いて、しかしそれを表面に出すことはいっそうの苦しみをもたらすので、内に秘めてこらえて生きるのか。ここでペトロは信仰者であることの驚くべき意味を提示する。「なぜなら、それは神の恵みだから（トゥウト　ガル　カリス）」と。それに続けて、苦しみが恵みになる理由を示す。「もし、ある人が不当な苦しみを受けながら、神の意識のゆえに（ディア　スネイデーシン　セウゥ）、耐え忍ぶなら」。なぜそうなるのか。その理由をペトロは二一節で示す。新共同訳も聖書協会共同訳も、「カリス」を「御心に適うこと」と訳す。新改訳2017は「神に喜ばれること」と訳す。どちらの訳も疑問が残る。信仰者が不当な苦難を受けることが「恵み」であると、ペトロは断定的に述べているのであって、神の恵みとは何かを理解する上で、もっとも重要な神学的・実践的な手がかりを与えてくれる箇所だからである。

20節

しかし、その前にペトロは、どのような苦しみでも恵みというわけではないことを、受けることが当然の苦しみと、受けることが不当な苦しみの区別を明確にすることによって示す。罪を犯して懲らしめを受けていて、（それを）耐え忍んでも何の誉れにもならない。もし善をおこなって苦しみを受けていて、（それを）耐え忍ぶのであれば、それは神からの恵みだ」と。ここでもペトロは繰り返し、苦難を耐え忍ぶことが神の恵みであることを断定的に強調している。

21節

なぜ苦難が恵みなのか。それはキリストとの連帯を意味するからである。ペトロは不当な苦しみを耐え忍ぶことを、キリストの苦難と重ね合わせて説明する。不当な苦難を耐え忍ぶことが、キリストとの連帯のゆえである場合、それは神の恵みである。奴隷の不当な苦難は、キリストの不当な苦難との連続性の中にある。ここでペトロは、召し使いという限定された相手から、もっと広くキリスト者全体へと視野を広げているようである。キリスト信仰のゆえに不当な苦しみを受け、それを耐え忍ぶことの意味を明らかにする。キリストが信仰者の前例であり模範である。キリストは不当に苦難を受けたが、それを「自由な者として」受け、耐え忍んだ。しかも、キリストの苦難は、ただ不当な苦難というだけのことではなく、「あなたがたのための苦しみ」であった。これは信仰者にとって範例（模範）であって、信仰によってキリストと一つに結ばれた者は、恵みによって、キリストと同じ道を歩み、同じ体験をする者とされている。だからペトロは、「あなたがたが召されたのはこのためです」と断言する。

22〜24節

ペトロはここで、キリスト教の福音を要約して語る。イザヤ53・9から引用して、キリストは十字架という究極の不当な苦難を耐え忍んだことを告げる。そこにペトロは二つのことを見ている。一つは「正しく裁く方に（裁きを）任せた」こと。不当な苦難をもたらす者を、苦難を受けている者は裁かない。しかし、それは裁かれないままで終わるということではない。神が正しく裁く。そのことに信頼して神の裁きに委ねたキリストの姿である。もう一つペトロが見たのは、キリストの苦難がわたしたちのためであったことである。イザヤ書53章が明確にキリストの十字架による救いの働きとして解釈されている。

25節

キリストの受難によっていやされた「あなたがた」は、どのような者とされているのかを、牧者と羊の表象で物語る。かつて、「あなたがたは羊のようにさまよっていた」。しかし「今は、魂の牧者であり、監督者である方のもとへ立ち帰ったのです」。

説教　変えることのできない現実を信仰的に生きる

イザヤ書53・6〜10
ペトロの手紙一2・18〜25

二十世紀を代表する、ラインホルト・ニーバーという偉大な神学者に、有名な祈りがあります。こういう言葉ではじまります。

神よ、変えることのできないことを、穏やかに受け入れる恵みを与えてください。

この言葉だけを聞くと、どうしようもない現実を認めて、あきらめの境地を教える思想のようです。でも、この後にこう続きます。

変えるべきことを変える勇気を。

なるほど。変えることのできないことと、変えなければいけないことの区別を、しっかりと見極めなさいということです。でも、時としてそれを見極めることは、とても難しいことだと思います。かつて黒人が差別されていたアメリカで、差別は国家や州の法律で決まっていました。だから多くの人は、変えることの出来ない現実と考えて、あきらめていました。でも、キング牧師はじめ少数の人々はそれが変えなければならない現実だと考え、公民権運動を拡げて、実際、合衆国憲法を変えたのでした。

たとえ困難でも変えねばならないことはあり、変えるべきではないこともある。変えることのできない、あるいは出来そうにないと思われる現実も、時代を超えて間違いなく存在しています。この世界には、わたしたちの手が及ばない、変えることのできないことがあります。たとえそれが理不尽であったとしても。もしかすると、長い年月をかけて、変えることができるかもしれません。しかし、今はまだどうしようもない。そのようなことが現に存在しています。現代は昔よりもだいぶ自由になりました。昔は変えることなど考えられなくても、今では努力次第で変えられることや、科学技術で変えることができるものも、ずいぶんと多くなりました。職業や身分、国籍も変えられます。しかしそれでも、変えることのできないことは、この世の中に多々あります。世界の秩序や社会の在り方は、いずれ変わってゆくことでしょうが、今わたしたちが変えることはできません。世の制度や経済の仕組みも同じです。人種を変えることはできません。今でも治療できない病があり、その現実は変えられません。しょうがいを負っている人にとって、今はだいぶ医学や技術が進みましたが、それでも現実を変えることはできません。まして、今よりも昔の方がはるかにそうでした。

ペトロの時代には、変えられないことははるかに多くありました。その一つが、奴隷制度です。

古代世界では奴隷制度は普遍的な仕組みで、奴隷のいない世界はありませんでした。おそらく世の中のあらゆる仕組みの中で、誰もがもっとも当然のことと考えていた、ごく自然で当たり前な制度。それが奴隷制度でした。アメリカが奴隷制度を廃止したのは、十九世紀の後半です。いまからわずか百五十年前。それまでは奴隷制度は合法でした。まして古代世界では「何をか言わんや」です。そして、教会には奴隷が大勢いました。「キリストにあって奴隷も自由人もない」。このパウロの言葉を信じたからです。でも現実は変えることができません。家に戻れば奴隷は奴隷。そこには奴隷の所有者がいます。そして、しばしば奴隷の主人は無慈悲で、家族や友人には愛情豊かな人であっても、奴隷には気まぐれで冷酷でした。

ペトロはきょうの箇所で、そんな奴隷たちに助言を与えたのでした。「召し使いたち」と訳されています。この言葉は広い意味での奴隷よりも、むしろ個人の家にいる奴隷です。なかには善良で寛大な主人もいますが、ペトロが助言を与えたのは、明らかに、無慈悲な主人を持つ、キリスト者である召し使いです。家の中で物がなくなれば、召し使いが犯人と疑われ、否応なしに鞭で叩かれます。あとからなくし物が出て来たって、奴隷の主人は謝りもしません。ちょっと気に入らないと、怒鳴られ、謝罪を要求され、叩かれたり蹴られたりします。奴隷は自由人ではなく、所有される物なのですから、不当な扱いも仕方がないのでしょうか。実際、多くの奴隷や召し使いは、無慈悲な主人の持ち物であれば、我が身の不運を嘆き、怒りや憎しみを悟られないように隠して、不当に扱われないだけのために、主人に忠誠を尽くすふりをして、がまんして従っていたはずです。奴隷という逃れようのない身分で、不当な扱いを受け続けていれば、誰でも怒りや憎しみが湧いて来ます。我が身の不運を嘆き、世の中を呪い、主人や世間に向かって怒り、自分の現実を否定することしかできません。

そんなまったく理不尽な状況で、自分では変えようのない現実を生きる、不運なキリスト者の奴隷に対して、ペトロはなんと、こう助言したのです。「心から恐れうやまって、主人に従いなさい」。いくらペトロ大先生の命令だって、そんなことはできそうにありません。ペトロはなんでこんな、不可能としか思えないことを命じたのでしょう。しかし、ペトロには明白な意図がありました。ペトロはこの言葉をとおして、変えることのできない現実を信仰的に生きる、その道を示したのでした。

そのような理不尽な現実を、信仰者はどう生きるべきでしょうか。いや、むしろ、こう言い換えましょう。変えることのできない理不尽な現実の中で、信仰者はどのように生きる喜びを見出し、自分が生きていることを肯定できるでしょうか。どのようにして、自分の尊厳を抱いて、奴隷という現実は変えることができなくても、胸を張って生きることができるでしょうか。「無慈悲な主人に従いなさい」。ペトロはそのように命じます。でも、一方的に理由なしに命じてはいません。ペトロがこう命じたのは、そのようにすることは、キリストに倣って生きることだからです。

キリストに倣って生きる。あるいはキリストのように生きる。それが最初からキリストの弟子たちの、そして代々の信仰者たちの生き方でした。今の時代もそれは変わりません。わたしたちもです。なぜなら、キリストを信じるということは、キリストと一つに結ばれることですから。キリストのように生きることですから。わたしはキリストの命を生きているのであり、キリストがわたしの内に生きておられます。だから、わたしが生きることは、キリストがわたしをとおして生きること。キリストと一つに結ばれているので、わたしたちはキリストに倣って生きます。でも、わたしたちは大抵の場合、その意味を部分的に考えています。キリストに倣って愛を生きる。キリストに倣って憐れみ深くある。キリストに倣って優しさを表す。キリストに倣って人々に親切にする。まったくそのとおり。でも、それはキリストに倣うことの、一部分でしかありません。なぜなら、わたしたちの主キリスト、わたしたちが一つに結ばれている主は、正しいことを教えたために憎まれ、神の救いを宣べ伝えたために捕らえられ、不当な扱いを受け、苦難に遭い、十字架にかけられて殺されたからです。キリストに倣うということは、キリストがされたように、不当な扱いを受け、苦難に遭い、場合によっては命を失うかもしれない。そのことも含まれています。

ペトロが奴隷たちに助言として語るのは、いや、ここではすでに奴隷だけでなく、すべての信仰者を対象にしているのですが、ペトロが信仰者に助言するのは、キリストの不当な苦難に倣うことです。キリストは不当な苦しみを受け、しかし、それだからといって迫害者を憎まず、正しいこと、神に従う道を歩みとおして、それゆえの不当な扱いを耐え忍びました。キリストは喜んではありませんが、十字架にかけられるとき、自らの意志でその死を受け入れました。強いられて嫌々ながらではなく、怒りや敵意をむき出しにしてでもなく、自らの救い主としての言葉とおこないが、神に託された使命であり、人々にとって大切な意味があり、そこに正義があると確信して、奴隷の精神で仕方なしにではなく、自由な者として自らの意志で、苦難を耐え忍びました。ペトロはそのキリストに倣うようにと、自由な者として生きるようにと、信仰者に助言したのでした。不当な扱いをされている奴隷は、キリストがそうなさったように、自由な者として苦難を忍びます。たしかに奴隷という現実は変わりません。だが、精神は自由です。不当な扱いをされる奴隷が、信仰による精神の自由に基づいて耐え、そのことによって自らの尊厳を表明します。

ペトロがここで助言しているのは、非暴力による、尊厳と正義の主張です。自分が不当なことをしてはいない、神にも人にも恥ずべきことはない。その精神の表明を勧めています。このペトロの助言を読んだとき、わたしの頭に浮かんだのは、今から六十年前のアメリカで、人種差別と闘った人々の姿でした。彼らが非暴力で公民権運動をしたとき、白人警官たちは高圧の放水車で水をかけ、警棒で打ち据え、罵り、投獄しました。映像が残されています。非暴力の行進に加わっていた青年を、警官が胸ぐらをつかんで、警察犬をけしかけて噛みつかせています。犬に噛みつかれても、その青年は抵抗せず争わず、じっとこらえているのです。そこには大いなる自由の意志で耐え忍ぶ、尊厳に満ちた人の姿がありました。実際、この映像が新聞や報道で流され、アメリカの白人たちが変わったのでした。この青年の姿は、ペトロが手紙を送った、あの辺境の地の奴隷の姿と重なります。ペトロは変えることのできない現実の中で、信仰的に生きることを求めたのでした。

ペトロは奴隷の境遇だけの話をしていません。変えることのできない現実を生きる、すべての信仰者に対して語っています。現実のために怒りや憎しみに落とされず、主キリストにあって自由な者として、信仰的に生きるようにと助言するのです。現代でも理不尽なことはあり、不当な目に遭わされることもあります。不当な差別があり、思いがけない病に倒れることがあり、理不尽な社会に苦しめられることがあります。その時、怒りや憎しみに心が占領されて、精神がそれらの奴隷になってしまうのか、それとも変えることのできない現実の中で、キリストに倣う、自由な者として生きるのか。そのことが問われます。変えることのできない現実によって、たとえ不当な扱いをされるとしても、わたしたちは信仰的に生きます。苦難の中で主キリストに倣うこと、それがわたしたちにできることです。そういう生き方をすることができる、それがキリストを信じる者の特権、そしてキリストと一つに結ばれていることの、明らかな証明だからです。

きょうのペトロの手紙の箇所、2章19節と20節で、日本語訳の聖書が、「御心に適うこと」と訳している言葉は、実は一つの単語です。「カリス」つまり「恵み」。どうして「恵み」という言葉を、「御心に適うこと」と訳したのか、わたしには理解できません。でも、恵みと訳すと意味がすっきりします。

善をおこなって苦しみを受け、それを耐え忍ぶなら、これこそ神の恵みです。

変えようのない世界の現実の中で、しかし、信仰的に生きる自由がある。怒りや嘆きや悲しみ、憎しみを抱くよりも、喜んで感謝を抱いて生きることができる。それこそが恵みだと、ペトロはわたしたちに語りかけるのです。そんな恵みを生きることができるのは、わたしたちがもはや、行く当てのないさまよう羊ではなく、魂の牧者であり監督者である、主キリストの群れの中にいるからです。

（2020, 2/2）

3・1〜7

1節

三番目の倫理的な勧告は、妻に対するものであり、そしてその後に短く、しかし意義深い、夫に対する助言が続く。

「同じように（ホモイオース）」という言葉は、とても意味深長である。その直前に与えた助言との連続性、類似性を示す言葉だからである。2・18〜25でペトロは、召し使い（奴隷）たちに対する倫理的勧告を与えた。それに続く箇所は、何が「同じように」なのか。それは彼らの境遇である。奴隷は主人に服従する義務があり、それが社会的秩序の大前提であった。妻もまた、夫に従うことが義務であり、社会的秩序の大前提であった。夫に不服従な妻、夫に口答えする妻に対する問題の指摘や対処法は、古代の文献の中に豊富に見出すことができる。その社会的・文化的な前提、したがって当然時代的限定性の中での勧告であることを理解せず、時代と文化を超えた絶対的規定として読むと、この箇所の真の意味を読み誤り、時代錯誤の拘束的で差別的な命令として利用される、あるいは拒絶される危険がある。

ペトロは、夫に従うことが大前提で、それ以外に選択肢のない妻に、この助言を与えている。この箇所を読むと、現代でも同様の立場に置かれている妻たちが、世界各地に存在することを思わされる。原理主義的なイスラム社会がそうであり、アフリカのある部族における女性の扱いがそうである。

「妻たちよ、自分の夫に従いなさい（ヒュポタッソメノイ）」という命令から、ペトロは始める。ここでも、分詞によるこの命令は、2・16の「自由な者として」という言葉の支配下にあると解釈すべきである。つまり、夫に従うようにとの助言は、夫の威圧や家庭内の立場や社会常識によって強制され、嫌々ながらに従うのではなく、キリストにあって「自由な者として」そうしなさいということである。奴隷の場合と同様に、ここでもペトロは信仰に基づいた精神の自由を説いていると考えるべきである。

さらにペトロは続けて、「たとえ御言葉に従わない夫であっても（エイ ティネス アペイスウシン トー ロゴー）」と続ける。特に念頭に置かれているのは、妻がキリスト教徒であって夫がそうでない場合である。その場合、妻はキリスト教的な人間理解、夫婦理解を持っているとしても、夫はその時代と文化の夫婦関係を前提としていることになる。「キリストにあっては男も女もない」というパウロの教えを、夫は知らず、妻と共有せず、それどころか、もしこの言葉を聞かされたなら、まったくばかげた狂気の沙汰、社会に対する危険な反逆思想だと怒るであろう。こうした無理解や不一致による離婚の可能性は、古代世界では皆無とは言えないが（たとえば一コリント

郵便はがき

料金受取人払郵便

小石川局承認

6313

差出有効期間
2026年9月
30日まで

112-8790

105

東京都文京区関口1－44－4
宗屋関口町ビル6F

株式会社　新教出版社　愛読者係
行

<お客様へ>
お買い上げくださり有難うございました。ご意見は今後の出版企画の参考と
せていただきます。
ハガキを送ってくださった方には、年末に、小社特製の「渡辺禎雄版画カレ
ダー」を贈呈します。個人情報は小社、提携キリスト教書店及びキリスト教
書センター以外は使用いたしません。
●問い合わせ先 ： 新教出版社販売部　tel　03－3260－6148
email : eigyo@shinkyo-pb.com

]お求め頂いた書籍名

:求め頂いた書店名

:求め頂いた書籍、または小社へのご意見、ご感想

名前	職業

住所　〒

話

後、随時小社の出版情報をeメールで送らせて頂きたいと存じますので、
差し支えなければ下記の欄にご記入下さい。

メール

図書購入注文書

書　名	定　価	申込部数

7・13)、現代とは比較にならない困難さがあったはずである。特に、別れた妻の生活が保障されない現実があった。妻という隷属的な立場を変える可能性のない女性に、ペトロはその現実の中でキリストを信じる者として、つまり何ものにも支配されない自由な者として、どう生きるかの助言である。もし、夫が未信者であっても、妻が夫に(自由な意志で)従うなら、どうなるのか。ペトロは一つの期待を未来受動態で語る。「妻の無言の振る舞いによって、彼らが獲得される(であろうから)」と。妻を通して夫が信仰へと導かれる未来の可能性を望ませるのである。現代から見れば、夫と妻は別人格であり、それぞれ信仰あるいは無信仰は互いの自由である。しかし、古代のその時代、キリスト者となった妻がどれほど夫に気を遣い、教会への出入りを禁止されることを心配し、棄教を強要されることを恐れたかを、わたしたちは想像する必要がある。夫が信仰を持つようになる。その可能性を、信者である妻たちがどれほど切に願い、望んだことかは容易に理解できる。たとえ夫が信仰を抱くに至らなくとも、彼女たちの夫に対する、嫌々ではなく心を込めた態度が、彼女たちの信仰に対する夫の理解を促すことになった可能性は十分にあったはずである。

2節

ペトロは続けて、夫が神のものとして獲得される可能性の根拠を、こう述べる。「(神への)恐れによるあなたがたの純粋な振る舞いを(彼らが)観察することによって」(直訳)と。「純粋な」あるいは「聖なる」振る舞いは、神への畏れ以外の何ものによっても動機付けられない振る舞いを意味する。夫への恐れや社会通念による強要、暴力や脅しゆえの嫌々ながらの振る舞いではないことが、夫に従う妻の霊的な自由を保障する。

3、4節

ここでペトロは、その時代にも広く通俗的な道徳観として教えられてきたことを、キリスト教信仰の勧告として告げる。二つのライフスタイルが対比される。「外側の装いではなく（ウゥクホ エクソーセン……コスモス）」、「そうではなく、心の内に隠れている人（アル、ホ クルプトス テース カルディアス アンスローポス）」の装いであるようにしなさいと。ペトロの手紙が宛てられているキリスト者女性たちは、実際に髪を結い上げたり、金の飾りや外套を身に付けることができたのか。そういう人もいたかもしれないが、むしろ、教会の社会的階層から考えれば、それが現実であったというよりも、そのような生活を追い求めることへの戒めと受け止める方がよいように思う。外面的な装いを立派にすることは、経済的、社会的な立場のある人に限られる。しかし、内なる人を、「穏やかで静かな霊の朽ちないもの」で装うことは、すべての信仰者にできることである。そして、そのことの真の価値は、人がどう評価するかではなく、神の前で高価であるという事実にある。

5、6節

ここでペトロは、過去の妻たちをこうした議論の例として取り上げる。明らかにヘブライ語聖書の中に物語られている女性たちも、そのようにして夫に従ったと。その具体的な例として、アブラハムの妻サラだけが挙げられる。ひとつの例で十分だと考えたからであろう。ここでも一見、妻の絶対的従順が推奨されているように思われる。しかし、サラの物語を知っている人は、サラが夫に完全に服従した女性ではなかったことを知っているはずである。彼女は古代の族長世界の中で前提とされている妻の立場と役割を生きつつも、とてもしたたかに考え、行動し、アブラハムを自らの意に沿う仕方で動かした。夫を「主（キュリオス）」と呼ぶことは、普通の呼称であり社会通念であった（日本で妻が夫を「主人」と呼ぶことに、夫であること以上の深い意味が込められてはいないように）。たしかにサラはアブラハムを「主」と呼び、従った。しかし、その従い方は夫の権力や優越的立場に対する恐れに基づいてはいない。サラのように振る舞うことを、ペトロはわざわざ「善をおこない、何事も恐れないなら」と付け加える。サラが夫アブラハムを恐れなかったように、あなたがたも夫を恐れないで善をおこなうなら。それがペトロの真意である。そうすればあなたがたも「サラの子」だと言う。

7節

表面的には夫に対する勧告である。ここでも「同じように（ホモイオース）」という言葉をペトロは置く。夫にとって、何が「同じよう」になのか。流れから言って、妻に対する勧告と同じようにということでしかあり得ない。どこを受けているのかは解釈次第だが、「善をおこない、何事も恐れない」ことの、夫への具体化と受け止めておく。ということは、ここで夫に助言されるのは、社会通念や世間の常識ではなく、神に従う者としての自由さを夫としてどう生き、妻と向き合うのかということである。そこには当然、社会の常識とは異なる、信仰的な決断と勇気が求められるはずである。

ペトロは二つの命令を、分詞によって与える。「共に生活しなさい（スノイクゥンテス）」、そして「尊敬を表しなさい（アポネモンテス ティメーン）」。

最初の命令には、「妻というものがより弱い存在であるという知識によって」（直訳）と付け加える。妻が「より弱い存在である」という言葉に、現代人は反感を覚えるかもしれない。しかし、ここでペトロが言うのは、女性が弱い存在ということではない。「妻という存在（グナイケイオス）」と述べるのは、性別の強弱ではなく、社会的立場のことを指すと解釈すべきである。文脈から言って、人格性、人間性の問題ではなく、夫は社会的に下位に位置づけられている妻という立場を知るのでなければならない。そのことをよく理解した上で、信仰者の夫は妻と「共に生活する」。そこには夫と妻として共に生きる上での対等性が示されている。

「尊敬を表しなさい」という命令には、「命の恵みを共に分かち合う者として」という言葉が続く。神の命の恵みを共に受けることにおいて、対等な存在であることが主張されている。結局、ペトロは現実をしっかりと踏まえて、革新的な信仰を示すのである。

説教　信仰を抱いて生きる――妻と夫へのペトロの助言

ゼカリヤ書9・16～17
ペトロの手紙一3・1～7

聖書は古代文書です。新約聖書は紀元五〇年中頃から一〇〇年頃。一番新しい文書でも、千九百年前のものです。たしかに聖なる書物であり、キリスト教の理解に基づくなら、神の霊感を受けて書かれた文書です。でも、文化や時代と無関係ではなく、その時代の現実、その時代の人々の体験が語られています。たとえば、きょう読んだペトロの手紙は、千九百年以上前の時代、古代ローマの辺境の地であった、小アジア北部、今のトルコ北部地域で暮らしていた、マイノリティ中のマイノリティであったキリスト教徒に宛てて書かれています。教会には幾人もの奴隷がいて、貧しい人や下層民がいて、その時代の文化や風土、世の風習の中で、キリスト者として生きている人たちです。どんな生活だったのかは良くわかりません。でも、いろいろ困難で苦しいことの多い、厳しい現実を生きていたことは、手紙の雰囲気から伝わってきます。

聖書はそういう現実を生きる人々に宛てて、そういう現実を知る人々によって書かれ、それが代々の教会によって読まれ、人々に福音を告げ知らせ、信仰を抱き、養う糧となってきました。しかし、古代世界の現実が、そこには物語られています。奴隷がいるのは当たり前の世界でした。

夫が妻を所有物として支配し、服従させるのは世の常識でした。そういう現実の中にある人たちのために、聖書は書かれ、告げ知らされました。聖書の中に奴隷への教えがあるとしても、聖書は奴隷制を支持しているわけではなく、聖書は変えることの出来ない現実を生きる、その時代の信仰者に対して、キリストを信じて生きる道を示し、現実の中で、しかし信仰ゆえの喜びを得て、この世の旅を歩むことを教えました。そういうことを考えないで、聖書に書かれているからと言って、現代にもそのまま当てはめようとすることは、聖書が聖なる文書であるということの意味を、間違って考えています。反対に、聖書の中には差別があるとか、聖書は現代人には時代遅れだと言うのは、むしろ聖書が書かれた時代に、信仰を抱いて生きた人たちへの、冒瀆のように思われます。

聖書の記述を基に、キリスト教は女性蔑視の教えだと批判し、そう主張する人がいます。たしかに、キリスト教もまた、時代と文化の中に生きる人々の集まりです。だから今でも教会の中には、男性中心の仕組みが残っていたり、性別による役割が暗黙の前提であったり、保守的な教会によっては、女性の司祭や牧師を認めないといった、変えなければならない現実はあります。

聖書もたしかに、現代のわたしたちから見れば、不当な差別だと感じることもあります。たしかに、きょうのペトロの手紙を見ると、そのように強く感じるかもしれません。なにしろペトロはこう言うのですから。「妻たちよ、自分の夫に従いなさい」。現代の多くの女性はもちろん、多くの男性も、今の時代にこんなことを言ったら、あきれてしまうことでしょう。でも、ちょっとイマジネーションを働かせ、いまから二千年前の文化と社会通念の世界で、この言葉の意味を考えてみましょう。ペトロがここで妻たちに、しかもキリスト者ではない夫を持つ妻に、何を本当は告げたのか。そのことを知るなら、実はこの言葉は、驚くべき自由への解放の言葉だと分かります。

少し詳しく考えてみましょう。ペトロはこの箇所を、「同様に」という言葉から始めます。「同様に」というのは、この前に言ったことと同じように、という意味です。そこで、3・1の妻への助言の前を見ると、そこでは奴隷たちへの助言が出て来ます。日本語で「召し使い」と訳していますが、意味は家の奴隷です。奴隷がそうであるのと同様に。それがペトロの言う意味です。つまり、ペトロがこの手紙を書いた時代、妻は奴隷と共通する境遇でした。自由を奪われている現実がありました。結婚はほとんどの場合父親が決め、結婚すれば夫の所有物となり、夫の支配下におかれて服従するのが、義務であり当然であり常識でした。従わない妻は夫によって叩かれるか、あるいはそれでも反抗的であれば、離縁される可能性がありました。離縁されると生きる場所を失う。そんな女性が多かったのです。しかも、ここでペトロが語る相手は、キリスト教徒ではない夫を持つ妻。「キリストにあっては男も女もない」。こんなすてきな言葉を、パウロというキリストの使徒が書いたなど、想像もしていない人が夫です。そういう夫と生きて行く現実を、妻は変えることができません。そういう女性が、どのように生きることができるでしょうか。どうすれば信仰者として、キリストにあって自由な者として、喜びを抱いて生きることができるでしょうか。信仰者である奴隷と同じような現実を、その時代の妻たちは体験していたのでした。

夫が信者ではない妻が、どう信仰を抱いて生きることができるのか。そのことにペトロは答えを与えます。2・16でペトロは、キリストを信じて生きる人のことを、「自由な者として」と表現しています。夫に拘束されている現実の中で、これらの女性が、自由な者として生きる道を、ペトロは示すのです。それが「夫に従いなさい」という助言です。古代世界で妻が置かれていた現実を無視して、この助言を批判するのは簡単です。妻たちにデモ行進を勧めるべきでしょうか。夫や社会に反旗を翻すよう告げるのでしょうか。まったく非現実的な話です。ペトロは妻たちの現実を理解していて、その現実の中で、現実的な最善の道を、この言葉で示したのでした。

それはもはや、脅され強制されるから仕方なしに従う、奴隷としての服従ではなく、自由な者としての自らの行動です。それが彼女たちの生きる現実で、最善の道とペトロは確信しました。ペトロは妻の霊的解放を告知したのです。わたしもそれ以上の道は思い浮かびません。この箇所を読むと、わたしは今の世界での現実を思います。今でも、どれほどたくさんの女性が、まさに同様の現実を生きていることか。保守的なイスラム社会において、夫に従うことだけが生きる道の女性や、アフリカの幾つもの部族で、夫に服従する以外に生きる道のない女性が、どれほどいることでしょうか。そういう社会的な現実に自分が置かれてはいない人が、外から批判するのは簡単ですが、助けになるとは思えません。現実をそのまま肯定して、ずっとそのままで良いというのではなく、その現実を生きている人にとって、意味のある生き方の可能性が必要です。

ペトロはそのままがまんせよとは言わず、未信者の夫を持つ妻たちに、将来の希望をも与えています。妻の純真な生き方が、しかも夫を恐れないで善をおこなうことが、夫を神へと導くかもしれないと。そのようになるかどうかはわかりません。でも、その希望があれば、肯定的に生きることができます。妻が夫の従うべきことの模範を、ペトロは旧約聖書から取り上げます。アブラハムの妻サラを、その模範的な例として語るのです。サラは夫アブラハムを「主」と呼び、夫に従ったと。たぶん、聖書に語られている、アブラハムとサラの物語を知る人は、こう感じることでしょう。「そう単純な話ではないでしょう?」と。あるいは、ペトロのこの言葉に、なにがしかのユーモアさえ感じるでしょうか。いえいえ、サラはそんなに単純に、夫のいいなりにはなりませんでしたから。サラはたしかに、アブラハムを「主人」と呼びました。でも、その呼び方は、絶対服従を誓う呼び方ではなく、普通に妻が夫を呼ぶ言い方です（現代の日本語の「主人」のように）。そもそも、サラはしたたかに自分で考え、自分の判断で行動し、アブラハムを動かしさえしました。だからペトロはサラを模範に挙げてすぐに、こんな言葉を続けたのだと思います。

あなたがたも、善をおこない、何事も恐れないなら、サラの娘となるのです。

「何事も恐れないなら」は、神以外に恐れるものはないのであれば、ということです。当然、夫や世間の常識も対象に含まれます。サラのように、夫や世間を恐れることなく、神の前に生きる自由な者として、善をおこなう生き方をせよと命じるのです。ペトロがどれほどしっかりと現実を踏まえて、その上で現実的な革新的生き方を、妻たちに助言したかが、よくわかります。

それだけではなく、ペトロの本領が発揮されるのは、夫への助言においてです。

同じように、夫たちよ、妻を自分よりも弱いものだとわきまえて生活を共にし、命の恵みを共に受け継ぐ者として、尊敬しなさい。

ここでペトロは、二つの命令を夫に与えています。最初の命令は、「共に生活しなさい」。「共に」という、対等性と共同性を意味する言葉が、ここに付けられています。夫と妻の生活は共同作業であり、対等な関係性のなかでのことですから。でも、それに付け加えられた言葉は、ちょっとスキャンダラスかもしれません。「妻を自分よりも弱いものと考えて」。手紙の意味と目的を考えるなら、妻が弱いのだからというのは、女性が男性に劣るとか、妻が人格性や人間性において、夫よりも弱いという意味などではあり得ず、社会的な立場と地位の問題だと分かります。古代の社会と文化の中で、妻は社会的に弱い立場におかれていました。ペトロは、夫に向かって、そういう現実を考えて共に生きよと言います。その意味は、社会的に低められていることを、夫は意識し、わきまえて、妻を低く見下さないで、共に、つまり等しいパートナーとして共に生きなさい、という意味でしかあり得ません。世の常識を無自覚に夫と妻の関係に持ち込まず、対等の関係を喜んで共に生きるべきです。だからペトロは、二つ目の命令を夫に与えました。

命の恵みを共に受け継ぐ者として、（妻に）尊敬を表しなさい。

命の恵みを受け継ぐことにおいて、対等な存在である妻の名誉を、夫は高く掲げよ。それがペトロの命じていることです。

こうして、二人は心を合わせて、共に祈り合う相手となるからです。ペトロの手紙の、そして聖書のすごさが、よくわかります。現代のわたしたちにも力強く呼びかけてきます。

（2020, 2/9）

3・8～12

8節

「最後に（ト デテロス）」は、手紙全体の終わりではなく、個々の具体的な事柄に対する「従いなさい」という助言（人間の制度、召し使い、妻）のまとめを告げるという意味に解釈しておく。ここでペトロは具体的な特定の人々に対する固有の指示ではなく、「皆さん（パンテス）」と呼びかけることで、すべての信仰者に対する共通の助言であることを示す。続けて五つの形容詞が並べられる。「～であれ」という命令もしくは助言の意味が込められている。

告げられるのは、「一つの思いで（ホモフロネス）」、「一緒に苦しみ（スムパセイス）」、「兄弟姉妹愛を抱き（フィラデルフォイ）」、「同情に富み（ユウプラグクノイ）」、「謙遜で（タペイノフロネス）」あるように。これが教会というキリストの命を生きる共同体の性質だからである。ペトロはしたがって、「そうなれ」と命じるのではなく、その現実を実際に生きなさいという意味で、この助言を与えている。互いへのこの思いが真実であるのは、キリストがそうであったからである。このことは教会の中で兄弟姉妹に対して、わたしたちがどのような思いを優先的に抱くべきかをも示している。つまり、共に集う者たちは、自分がそのようにあるだけではなく、他の人々が自分に、そして互いにどのような思いを抱いているのかを前提として、互いに交わりを持つということである。兄弟姉妹への疑念、不信、攻撃は、そこには存在する余地がない。仮に兄弟あるいは姉妹の中に、なにがしかの敵意や攻撃の意識があってそれが自分に向けられているように感じるとしても、信仰者はそのような思いを排除して、兄弟姉妹はキリストにある慈しみと愛をもって接していると信じ、そのように応答すべきである。それがもし裏切られるとしても、兄弟姉妹に対する疑いや反感を抱くよりは、はるかに信仰的な生き方だからである。

9節

ペトロは続けて、「報復をしないように（メー アポディドンテス）」と命じ、具体的にどのような仕返しをしてはならないかを告げる。「悪に対して悪を（やりかえさず）」、「侮辱に対して侮辱を（やりかえさず）」と。そしてキリスト者がどう対応すべきかを告げる。「そうではなく逆に（トゥウナンティオン デ）」「祝福をしなさい（ユウログゥンテス）」と。

ここでペトロは、教会内での関係以上のことを告げていると考えるべきである。キリスト教徒がその時代、周囲の社会からどのように見られ、扱われていたかを推測するなら、その意味が分かるであろう。ペトロはすでに2・12で、キリストを信じる者たちが周囲からどのように思われているかを明らかにしている。悪事や犯罪、不道徳などのゆえにではなく、キリストを信じる者だというそれだけの理由で、悪意を向けられ、侮辱されている現実がそこにはあった。ペトロはそのように敵対的な人々のことを「悪事をおこなっているとしてあなたがたを悪く言う者たち」と表現した。そのような現実の中で信仰者は、しかし、相手が用いるのと同じ悪の手段をもって報復するべきではない。むしろ、祝福するべきである。この信仰的な在り方は、キリストの姿そのものであり、パウロも手紙の中で教えた、信仰者としての基本姿勢にほかならない。そうするべき明確な理由が、信仰者にはあることをペトロは示す。「なぜなら、あなたがたはこのために、祝福を受け継ぐために召されたのだから」と。ペトロのここでの表現は「このために（エイス トゥウト）」と目的があることを強調した上で、その目的を「あなたがたが祝福を受け継ぐために（ヒナ ユウロギアン クレーロノメーセーテ）」と語る。どれほど、祝福を受け継ぐ者とされていることが、この世で現実に体験させられている不当な悪意や攻撃を凌駕することか。そのことを信仰者がはっきりとわきまえていなければ、不当な悪に対して悪をもって対抗する誘惑に負け、あるいは不当な悪に敗北する仕方で精神が奴隷化させられてしまうことになる。キリストを信じる者は、悪に対して祝福をもって応じることで、悪に対して勝利を収めるのである。キリストがなさった、そのように。

10〜12節

ペトロがここまで読者に助言してきた内容は、世の常識や通常の理解からすれば、全く信じられない異質なものに違いない。しかし、キリストを信じる者はそのような異質な人々へと呼び出され、召されたのである。ペトロの言葉によればこの世の定住者ではなく、「寄留者であり、滞在者」とされた。それがこの世で異質であるとしても、神の民としては本来の姿であることを、ペトロは聖書によって確証する。詩編34・13〜17が、ペトロの助言する信仰者の生き方を支持する、聖書的な根拠である。

ただし、ペトロはこの詩編17節の後半「その名の記念を地上から絶たれる」を引用しない。この部分は、キリストが罪びとを救うために来られたことによって変えられたと考えたからであろうか。

説教　祝福を受け継ぐために、わたしたちは召された

申命記10・17〜22
ペトロの手紙一3・8〜12

わたしたちはときどき、いや、もっと正直に言えば、しばしば、間違いを犯します。教会での間違いです。考え違いと言うべきでしょうか。世間の人々が考える仕方で、教会の兄弟姉妹の関係を考える間違い。世の人々が互いに抱く疑いや警戒を、教会で互いに向け合う間違い。主にある兄弟姉妹と互いに呼び合いながら、しょせんは他人だからと考える間違い。ようするに、世間

一般の人間関係や常識を、教会のわたしたちの関係に持ち込み、教会を世の中にいろいろある、サークルか趣味の会のようにしてしまう、そのような間違いです。その結果どうなるかは明らかです。教会を神の民の交わりと考えなくなり、教会が神の家族というのは、ただの音にすぎなくなってしまいます。そうなれば、世間一般の人間の集まりと教会は、いったいどこが違うと言えるでしょうか。

だが、本当はどうなのでしょうか。教会もしょせんは、その程度のものにすぎないのでしょうか。そうではないはずです。責任はわたしたちにあります。教会を世のいろいろな集まりのように考え、そのようにしか思わないのは、わたしたちの問題ですから。わたしたちは世の人々とほとんど変わらない、普通の人間にすぎません。他の人々と同じように普通に生活しています。教会に集っている人たちは、特に立派でも人格者でもありません。（立派な人格者もおられるでしょうが）。わたしたちはほとんどの点において、世間一般の普通の人と同じです。だが、決定的な一つの点において、わたしたちは世の人々とは異なります。キリストを我が主、我が救い主と信じ、キリストと一つに結ばれることによって、神のものとされている。そのことを知り、確信していることです。

聖書はそのことを、実にいろいろな言い方で表現しています。あなたがたは神の民、神の羊の群れ。あなたがたは神の家族、キリストの体とされた者……。決定的なことは、あなたは聖なる者とされているということ。ペトロはわたしたちが世の人々と異なる、一つの決定的な点を、

2・11でこう表現しました。わたしたちはこの世において、「旅人であり、仮住まいの身」なのだと。それが、わたしたちが何者なのかを告げる、わたしたちの正体です。旅人であるということは、この世の定住者ではないということです。旅人であるということは、旅の先に目的地があるということです。仮住まいの身ということは、この世のどこか、この世の何かが、わたしたちを束縛しないということです。それが身分であれ財産であれ何であれ。仮住まいの身ということは、わたしたちの真の住まいが、どこか別にあるということです。聖書はそのことを、「私たちの国籍は天にあります」と語り、真の住まいを「来たるべき都」と呼び、帰るべき「故郷」と教えています。

わたしたちは神に召された者の集いです。その集いを「教会」と呼びます。わたしたちは主キリストと結ばれ、キリストにあって、キリストとのきずなのゆえに、兄弟姉妹とされた者の集い。その集いを教会と呼んでいます。わたしたちはこの世を生きていますが、この世のことだけで生きてはいません。わたしたちは世から分けられた人たちの群れ。それが教会です。だから、わたしたちは異質です。世の人々の常識や考え方からすると、わたしたちは異質な者たちです。世の人々と同じではあり得ません。キリストを信じる人々は、最初から現代に至るまで、変な人、風変わりな人でした。古代の世界は階層社会でした。身分や地位や豊かさによって、横に切り分けられた階層社会で、縦の交わりはない社会でした。貴族は貴族の中で、平民は平民の中で、奴隷は奴隷同士で社会を形作り、交流はありませんでした。その階層社会の中で、同じ貴族どうしでも上下を量り合い、評価し合っていました。教会は、そして教会だけが、階層を超えて交わりを持っていました。それは古代の世界で非常識でした。最初から世の中に合わせない人、みんなと同じにはならない人、だから異質な人でした。今でもそうです。今でも、そこまで明確ではなくても、階層社会、分断社会です。わたしたちは世の人々とは異質。そうであるはずです。世間の人とは異なる気質を持ち、世間の人とは異なる考えを抱き、世間の人とは異なる価値観を持ち、世間の人間関係とは異なる関係を、わたしたちは生きるはずです。

それはどんな生き方、どんな価値観、どんな考えかた、どんな人間関係でしょうか。ペトロはその特徴を五つ挙げています。わたしたちはどのように生き、何が価値あることと信じるのか。最初にペトロが挙げるのは、「心を一つに」。一つのきずなで結ばれている、その事実を第一に挙げます。一つのきずな。世間にもいろいろあるでしょう。同じサッカーチーム、同じファンクラブ、同じクラス、同じ会社、同じ地域の住人……、年齢や住む場所や立場が変われば、一つであるきずなも変わり、消えます。教会で心を一つに合わせるのは、互いへの愛において繋がれていることと、最終の目標点であるゴール、天の国が目標であることにおいて同じであり、みんながそこを目指していることです。だから変わることなく、わたしたちは心を一つに合わせます。

二つ目にペトロが挙げるのは、「同情し合って」。わたしたちは誰も孤独にせず、苦しむ人と一緒に苦しみ、泣く人と一緒に泣くことです。同情するのは良いが、されるのは嫌だというのは間違いです。「お互いに」ということが必要ですから。

三つ目にペトロは、「兄弟姉妹を愛すること」を挙げます。ここでいう愛は、友としての愛、フィラデルフィア、仲間としての愛です。疑ったり悪意を向けたりせず、慈しみ合うことが必要です。

四つ目にペトロの求める生き方は、「憐れみ深く」あること。わたしたちの教会は小さな群れですが、この群れの中には必ず、喜んでいる人と悲しんでいる人、平穏でいる人と苦しんでいる人がいます。ペトロはここで、特に悲しみを共有して、互いに心を開き合うことを求めています。

五つ目は「謙遜であること」。思い上がらず、見下さず、同じ高さあるいは低さで、受け入れ合うことです。教会に集う人の中に貴族がいたとしましょう。教会に奴隷がいたとしましょう。奴隷が悲しみに暮れているとき、貴族は身分違いだからと気に掛けないなら、それは教会ではありません。抱き合って泣く。それが教会です。そのような意味で謙遜が必要です。

この五つの基本的な生き方には、兄弟姉妹への疑念や不信の入る場所はなく、兄弟姉妹への悪意や怒りは灯されません。だから、教会に集うことには、勇気が必要です。兄弟姉妹の善意と愛を疑わない勇気、無条件に受け入れ合う勇気が求められます。それが教会の本質的な姿ですから。そんなきれいごとは成り立たない、そんなことは現実にはあり得ない。皆さんはそう思われるでしょうか。たしかに簡単なことではないでしょう。でも、神はわたしたちを、そのような者として召されました。その事実を忘れてはなりません。ペトロは、はっきりと告げます。「あなたがたは召されたのです」と。教会が趣味の会や同好会と違うのは、まさにこの点においてです。そのような会や集まりは、自分の好みによって、自分で選んで集まっています。でも教会は、根本において異なります。神によって召されたから、わたしたちは集うのですから。

目的も無しに召されたのでしょうか。何のために召されたのでしょうか。その目的をペトロははっきりと告げます。あなたがたが召されたのは、「祝福を受け継ぐため」ですと。祝福を受け継ぐために、ここに集う。その祝福とは、成功でも豊かさでも長生きでも快適でも、幸福な生涯でさえありません。自分が他の人よりも良い目を見ることではなく、自分の成功や繁栄のためではありません。わたしたちが受け継ぐようにと召された、神の祝福とは、天の御国を目指す旅へと呼び出され、その旅を神の民として生きることのできる、その祝福のことです。

神の民として生きる。その生き方こそが、心を一つにし、同情し合い、兄弟姉妹を愛し、憐れみ深く、謙遜である生き方。それは自分にとっての喜びだけでなく、世の人々にも分かち合う祝福です。もしわたしたちが、神に召された者として、ペトロの言う五つの生き方をするなら、わたしたちは悪に対して悪を返さず、善を生きるようになることでしょう。わたしたちは世の人々に、怒りや軽蔑を与えるのではなく、同情と憐れみを分かち合います。わたしたちは復讐するのではなく、悪に対しても善をもって向き合います。侮辱されても祝福を祈ります。この世界にキリストの香りを広め、平和を願い、平和を作って生きます。神の祝福とは、自分に祝福をかき集めて、自分だけにため込むものではなく、分かち合ってこそ、豊かになるものだからです。

（2020, 2/16）

3・13～18

13、14節

信仰者は祝福を受け継ぐために召された。それが九節の命題であり、ペトロが言う祝福とは、自分の繁栄や成功のことではなく、終わりの日の希望を抱いて今を信仰的に生きることができる恵みのことである。それが悪に対して悪、侮辱に対して侮辱を返すのではなく、祝福を祈る生き方の根拠であった。それが聖書に基づくことを、ペトロは詩編の引用によって示した。ペトロは12節までの議論を「そして（カイ）」で受けることによって、13、14節でこれまでの議論を引き継ぎながら、矛盾するかのような二つの主張を語る。

13節は条件文を用いて反語を掲げる。「誰があなたに対して悪をなす者でありえようか、もしあなたが善に熱心な者であるなら」。ペトロは現実を無視して理想を掲げるのであろうか。現実には、キリスト者が信仰のゆえに苦難を受け、悪を受けている。そのことをペトロは知っている。では、この命題はどのような意味であるのか。それは究極の益がどこにあるのかと関係する。ペトロは一時的な悪による苦難を否定するのではなく、それが究極において信仰者に幸いをもたらすことを知っている。そのことのゆえに、善を生きるなら人々の悪によって苦しめられて終わるのではないことを語る。

そこで、「そうではなく（アッラ）」によって14節を続ける。「もし義のために苦しむようなことになるなら、（あなたがたは）幸いだ（マカリオイ）」。ペトロは「あなたがたが苦しむ」を、希求法を用いて表現する（パスコイテ）。義のために苦しむことの方が、悪事のゆえに苦しむことよりもどんなに幸いか、その思いを表現するための希求法と受け止めたい。だが、なぜ幸いなのか。ペトロはそのことをすでに述べている。「それが神の御心に適うことだから」と（2・20）。それゆえに励ましの命令を与える。「彼らを恐れたり、心を乱したりしてはなりません」と（イザヤ8・12）。実際、悪意を持って攻撃してくる者たちに対して、信仰者がどれほどの精神的なダメージを受けていたかが推測できる。

15節

キリスト者は勇気が求められる。しかし、その勇気は自分の意志の強さによって作られるものではなく、キリストの力による。そこで信仰者はキリストをあがめる仕方で心にとめておかなければならない。「あなたがたの心の内で主なるキリストを聖としなさい」（直訳）。心を高く主に向かって掲げよという古代教会の典礼の言葉、スルスム・コルダを思い起こさせられる。怯えて卑屈になってしまうのでなく、胸を張って自らの信仰を表明することが証となる。語るべきことは「あなたがたの抱いている希望」についてである。

16節
信じている望みについて語る時、どのような態度で語るべきかをペトロは指示する。「ただし、優しく、敬意をもって（恐れつつ）、正しい良心で」弁明しなさいと。攻撃的な態度や言葉を用いてはならない。それは不当な悪をおこなう者と同じ位置に自らを置くことになるから。礼節を抱いてしっかりと自らの信仰を証することが、罵る者たちに自分たちの姿を悟らせることによって恥じ入らせることになる。そのようになることへの望みを抱いておくようにと、ペトロは助言するのである。

17節
ペトロは比較級を用いて、「悪をおこなって苦しむよりも、善をおこなって苦しむ方がより良い（クレイットン）」と述べる。ただし、善をおこなうことは、独りよがりの善、あるいは自己義認ではない。そのことをペトロは明確に条件付ける。「もし神の意志がそのように意志するのであれば」と。ここでもペトロは希求法を用いる。神の御心に適うことであれという強い願望の表現と受け止めておく。

18節
この信仰者のあるべき姿は、決して信仰者自身の英雄的な意志力に依存するのではなく、キリストがそうであった、そのように生きよということである。信仰者はキリストに倣う生き方を希求するのであり、それこそが幸いな生き方だからである。

説教　キリストに倣いて

ダニエル記2・8〜30
ペトロの手紙一3・13〜18

二十世紀後半から、あるタイプの教会が世界で流行しています。ある特殊な信仰を強調するのです。その手の信仰は古代からありました。でも、爆発的に流行するようになったのは、現代になってからのことです。南北アメリカに拡がり、アフリカで勢いが増し、アジアに拡がり、オーストラリアで活発になり、日本にもやって来ました。毎週のように何十人もが洗礼を受け、おもに若者が集っています。そこで説教され教えられるのは、「成功の神学」、あるいは「繁栄をもたらす信仰」です。キリストを信じて自分たちの教えに従えば、祝福され成功者になれると保証します。ビジネスや個人生活において成功する秘訣は、神を信じて自分とお金を捧げることだと教え、多くの人々がそれに魅了されています。成功した例として、牧師自身が自分の成功体験を語り、指導的な信者が次々に登場して、どんなに自分が成功したかを証して、次はあなたの番ですと信じさせるのです。最初は半信半疑でも、成功の実例をたくさん見せられると、自分もそうなれると思い込むようです。そういう教会はキリスト教を騙っていますが、わたしには反キリストとしか思えません。どうしてそんな教会が流行るのでしょうか。巧妙な組織作りや拡大の仕組み、そういったこともあるでしょうが、たぶん理由はもっと単純なのでしょう。人間の欲望や願望の実現を約束するからです。

それがどれほど聖書の教えとは違い、キリスト教の信仰に反するかは、ペトロの手紙を読めば明らかです。ペトロの手紙によれば、キリストを信じることは苦しみを受けること、苦難に会うことなのですから。ペトロの手紙は、信仰ゆえの苦難を受けている人々に、励ましと支えを告げるための手紙ですから。ペトロはキリストを信じれば成功するとは、どこにも書きませんでした。神は成功と繁栄の神だなどとは、ペトロは一言も言いません。ペトロは今信仰のゆえに苦しんでいる人々に、その苦難の意味を考えさせ、苦難をどう受け止めたらよいかを告げます。ペトロは二つの選択肢を示して、どちらの方が幸いかを問いかけます。ところが、その選択肢は、現代のわたしたちから見るなら、とうてい受け入れがたい選択です。だって、こう尋ねて選択を迫るのですから。あなたがたは悪をおこなって苦しむのと、義のため、つまり信仰のために苦しむのと、そのどちらが良いですかと。どちらにしても苦しむしか選択肢がない。まったく理不尽でひどい話に思われます。苦しまないで済むという選択肢は、ここには用意されていないのです！

現代の日本に生きているわたしたちは、そんな無茶な二択問題があるかと、文句も言いたくなります。でも、ペトロの時代の教会には、苦しまないで済むという選択肢は、きっとなかったのでしょう。キリスト教は禁止されていて、キリスト者はしばしば異質な人と思われ、地域の風習に従わない、反社会的な連中とみなされていましたから。何かにつけて悪口や嫌みを言われ、しばしば悪人呼ばわりされ、よくない連中だと噂されましたから。生きていく上でハンディになるからと、キリスト教信仰を棄ててしまえば、苦しまないで済むかもしれません。でもそれは信仰者の選択肢ではありません。信仰を棄てるということは、主キリストにある希望を棄てることであり、天の国の国籍を放棄すること、永遠の命の望みを失うこと、キリストの恵みと祝福を拒むことですから。苦しみを避けることはできない。この現実から、ペトロは話を始めるのです。苦しみが避けられないのであれば、悪をおこなって苦しむよりも、信仰のゆえに苦しむ方が良い。それがペトロの示す選択肢なのです。

さて、ここでわたしたちを考えてみましょう。わたしたちがこんな選択肢を求められるのは、現実にはあり得ないことでしょうか。たしかに、今は迫害の時代ではありません。少なくとも日本では。それでも、わたしはクリスチャンと言うと、へえー、とか、そうなの?と驚かれ、風変わりな生き物を見る目で見られ、変わった人だと思われることはあります。日本の風習や宗教行事を避けると、協調性がないとか心が狭いとか言われ、嫌な顔をされることがあり得ます。今はその程度でしょうが、将来がどうかはわかりません。キリスト教の歴史の中で迫害は常にあり、現代でも実際に迫害されているわたしたちの兄弟姉妹が、世界の各地にはたくさんいます。教会が襲撃され、爆弾が投げ込まれ、信仰のゆえに命を奪われる人がいます。そもそも二十世紀の半ばまで、日本はキリスト教を迫害する国でした。信仰のゆえに苦しむことになる時代が、ぜったいに来ないとは言えません。だから、霊的な備えが必要です。皆さんの家でも地震や災害に備えて、なにがしかの準備をしているでしょう。懐中電灯やラジオを用意し、スマートフォンの充電池を備え、水や食料を保管しているでしょう。信仰の苦難にも備えが必要です。

ペトロは現実の苦難に会っている人たちに、この手紙を書きました。でも、この手紙は同時に、信仰ゆえの苦難に対して、備えをするようにと促す手紙でもあります。ペトロははっきりと告げます。信仰のために苦しむなら、あなたがたは幸いだと。なぜ苦しみが幸いなのでしょうか。その理由をペトロは告げます。それが神の御心に適うことだからです。苦しむこと自体が御心だというのではなく、悪意のある言動にさらされたり、不当で理不尽な目にあわされても、わたしたちが信仰をしっかりと保つことが、神の御心だということです。神はわたしたちに天の国と永遠の命の望みを与え、わたしたちがその望みに基づいて生き、この世を旅人として歩むことができるよう、教え、導いてくださいます。どのような脅しや苦難が来たとしても、わたしたちは神の約束と望みを抱いていることを、なによりも大切にします。そのための心の備えが必要です。今はそんな迫害はあり得ないから、そんな心配は無駄であり不必要。そう考えるべきでしょうか。いいえ。わたしたちは危機に対する備えを怠りません。時が良くても悪くても、変わらない生き方・変わらない信仰の姿を、しっかりと保って生きることが重要です。

一貫した信仰的な生き方の姿とは、どのようなものでしょうか。二つのことを心に留めておきましょう。常に心の中でキリストを主とあがめることと、キリストに倣って生きること。この二つを胸に抱いておくことが大切です。「心の中でキリストを主とあがめ」と訳されている箇所の直訳は、「心の中でキリストを聖としなさい」。その意味は、キリストをすべての模範として、高く掲げて心の中でキリストを見上げること。キリストに倣って生きるとは、わたしたちがキリストを手本として、自分の生き方、考え方、言葉を、キリストのようにしようと願うことです。それがわたしたちの生きる道です。

（2020, 2/23）

3・18〜22

この箇所は、キリスト賛歌としての型式を持っているように思われる（ＮＴＤ注解はそのように訳す）。ここで告げられているのは、キリストの受難から高挙と支配に至るまでのドラマである。

18節

「なぜなら、キリストもまた（ホティ　カイ　クリストス）」は、正しい者（信仰者）が苦しみを受けることをキリストの苦難と関連付けて説明することへの導入である。キリストと一つに結ばれることの意味が、キリストによる救いと関連付けられる。「なぜなら、キリストもまた、ただ一度罪のために苦しんだのだから、正しい者が正しくない者たちのために」。その苦難にははっきりとした目的があった。「あなたがたを神のもとへと導き行く（プロサガゲー）ために」。ペトロはキリストの受難の本質的な意味をここで述べる。だが、わたしたちはキリストの苦難だけに限定して考えるべきではない。ペトロはここで明らかに、信仰者が悪事のゆえではなく、信仰に生きることによって受ける苦難を、キリストの苦難と対比させているからである。キリスト者の苦しみは、キリストの苦しみと同じ意味と目的がある。キリスト者の苦しみは、正しくない者たちのための苦しみであり、そのことが正しくない者たちの救いと無関係ではない。キリストは肉においては殺されたが（サナトーセイス）、霊においては生かされた（ゾーオポイエーセイス）。二元論的な分離ではなく、「体を殺しても魂を殺すことのできない者を恐れるな」というイエスの言葉（マタイ10・28）との関連を思わせる。19節以降の言葉を踏まえるなら、ペトロは肉体的な死と復活との間の状態を指しているのかもしれない。

19、20節

この箇所をどう解釈するかの議論はさまざまである。わたしたちはここで、宣教論的な視点から考えてみることは意味があるのではないか。ペトロの手紙の読者は、異教世界で生きるマイノリティ中のマイノリティのキリスト者であった。彼らにとっては、キリストを信じることなく死んだ、自分たちの親しい者・愛する者たちに救いがあるのかどうかは、とても大きな問いであった。日本のキリスト者にとっても、まったく同じ問いがある。この箇所の歴史的な、あるいは現代のおもな注解者は、ほとんどがキリスト教世界である西欧世界の学者である。宣教的な前提が、ペトロの手紙の受取人や、現代日本のキリスト者とは根本的に異なっている。キリスト教世界での解釈が絶対的なものではない。異なる宗教文化的背景の人々にとって、ペトロのこの箇所が持つ意味は、西欧世界の人々が想像できないほど大きい。信仰をもたないで死んだ者は地獄に行く。そのように断定的に考えられ、地獄のイメージが劇的に発展したのは、キリスト教世界となった中世の西欧世界においてであった。そこでは住民のほとんどがキリスト教徒であり、非キリスト教徒はゲットーに住むユダヤ人か特殊な地域に住むムスリム、あるいは異端者だけであった。未信者は地獄に行くと確信しても、地獄に行く可能性のある親しい者はほとんどなく、誰の心も痛まなかった。そのような世界で形作られた死後の理解は、古代教会や非キリスト教世界の信仰者の理解とは大きく異なって当然である。

「このことをとおして（エン　ホー）」は、キリストの苦しみと死においての意味。キリストが苦難を受けて死んだことが何をもたらしたのか。ペトロはこう説明する。「このことをとおして、彼（キリスト）は牢獄にいる霊たちのところに行って宣教した」と。牢獄にいる霊たちとは何者か。ペトロはこう説明する。「これらの霊は、ノアの時代に箱舟が造られていた間、神が忍耐して待っておられたのに従わなかった者たちのことです」。もし、この説明を文字通りに受け止めるのであれば、彼らはノアの同時代の人々で、ノアが箱舟を造っている時間の猶予が与えられていたにもかかわらず、ノアをあざけって苦しめ、悔い改めることをせず、洪水で死んだ者たちということになる。しかし、21節で洪水の水がバプテスマの象徴と解釈されていることから考えれば、ノアの時代に悔い改めずに死んだ霊たちとは、時間的・時代的な意味で特定の人を指すのではなく、生きている間にキリストという救いの舟に乗ることなく死んだ者たちと解釈してよいのではないか。続けてペトロが語る「八人だけが水の中をとおって救われた」という言葉もまた、極めて象徴的である。「八人だけ」とは、大多数の異邦人に囲まれて生きている極めて少数のキリスト者であるペトロの手紙の読者を意味するからである。

肉においては殺されたキリストは、霊において彼らの霊のところに降って行き、彼らに「宣教した（エケーリュクセン）」。「宣教した」ということ以外、ペトロは具体的なキリストの言動を記してはいないので、それ以上のことはわからない。ただ、「宣教する」という動詞が、新約聖書においては「福音を告げ知らせる」という意味であることから、そこでキリストがこれらの霊に福音を告げ知らせたと、そのまま受け止めておく。キリストを信じることなく死んだ者たちは、復活の時まで囚われている牢獄（フラケー）で福音を告げ知らされた。死者の領域がこの世の時間に拘束されないとすれば、「ノアの時代」はこの牢獄にいる霊たちの時代を意味するのではなく、時代を超えてすべてキリストを信じることのなかった霊たちの領域と解釈することは許されるであろう。

キリストによるこの宣教の結果がどうなったかは、ペトロは何も語らない。それは人間の関与することがらではないからである。ただ確かなことは、キリストを知らず、信じないで死んだ者たちには救いの望みがないということではないということである。

21節

ペトロは明らかに、ノアの洪水の水をバプテスマの水の象徴とみなしている。しかしペトロはここで、水が魔術的な力を持つものではないことを明らかにする。洪水の水をくぐったノアとその家族が救われたのは、水によってではなく神の恵みの力によったのと同様に、バプテスマを受けた信仰者は、水の持つ力によってではなく、キリストの復活の力にあずかることによって救われる。そのことがきわめて重要であるゆえか、あるいは誤解をもたれないようにするためか、ペトロはいっそう明確に定義づけをする。「バプテスマは肉の汚れを取り除くことではなく」と。では、バプテスマは何を意味するのか。それは「正しい良心が神に対して行う誓約（エペローテーマ）です」。ここでペトロは、救いが、神の恵みの行為であると同時に、信仰者による恵みへの応答とも不可分離であることを言おうとしていると受け止めておく。

22節

「この方（キリスト）は神の右におられます、天に昇って、天使たちと諸権威と諸勢力が彼に服従した後に」。ここで示されるのは、きわめてヴィジュアルな、キリストの陰府から神の右の座に至るまでの勝利の昇天である。地のもっとも深い所から、キリストは地上、空中、天をとおって、すべての天使と権威と勢力を服従させて、神の右に座しておられる。文字通り、陰府から天に至るまでのすべてのものの支配者となられた。

キリストを信じる者は、この究極の勝利者であり支配者のものとされた民であることが、高らかに歌われている。

説教　キリストはすべてのものの救いの主

ヨブ記42・1～6
ペトロの手紙一３・18～22

わたしたちはペトロの手紙一を礼拝で読み、そこから説教してまいりました。ペトロの手紙の宛先が誰かは、手紙の始めを見るとわかります。

ポントス、ガラテヤ、カパドキア、アジア、ビティニアの各地に離散して仮住まいをしている、選ばれた人たちへ。

聖書の後ろの地図を見ていただくと、どのあたりがこの地方か、……わかりません。聖書の地図には出ていないのです。新しい聖書「聖書協会共同訳」の地図には、五つの内三つが出ています。でも新共同訳聖書の地図には、残念ながら地名が表示されていません。

どうしてでしょうか。それは、辺境の地だからです。文化度の低い、文明の遅れた世界。都会などほとんどない田舎の地方。地名を表記するに価しない地方。そんなへんぴな所にも、ペトロがこの手紙を書いた一世紀後半には、すでにキリスト教徒がいたのです。これは驚きの事実です。そんな僻地のキリスト者と、現代日本で生きるキリスト者、わたしたちのことです。時代も場所も文化も異なりますが、とても共通することがあります。それは、存在自体がめずらしいことです。キリスト教徒は超レアものキャラで、マイノリティの極みだということです。一世紀後半にペトロは、自分では訪れたことも会ったこともない、彼方の僻地のキリスト教徒たちに、この手紙を送りました。おそらくどうしても書かなければという、強い思いに駆られたからでしょう。おそらく、彼らの困難な境遇に心を寄せ、苦労や痛みや困惑に共感し、励ましと導きを与える責任を、使徒として実感したからでしょう。

受取人が住んでいたのは、ローマ帝国の中でもいちばん僻地の、今で言うトルコ北部の地域です。キリストの時代からまだ数十年。教会はようやく各地に広がったばかり。ましてこんな僻地に大勢のキリスト教徒がいるわけがありません。証明はできませんけれども、おそらく、人口の〇・一パーセント以下でしょうか。その地方に十万人の人が住んでいるなら、百人にも満たないキリスト教徒の数です。現代日本のキリスト教徒の割合は、人口のおよそ〇・八パーセントです。百人に一人もいません。人口約十七万人の小山市には、計算上千三百六十人ほどのキリスト教徒がいる……はずです。いえいえ、そんなにいるはずはありません。

〇・八パーセントという数字は、東京や大阪その他の大都会での、キリスト教徒割合を平均したものです。田舎に行けば行くほど割合は減ります。たぶん小山には、多く見積もっても二、三百人程度。とても似ているでしょう、昔ペトロが手紙を送った人々と、現代のわたしたちは。

時代を超えて一ペトロの読者とわたしたちは、同じ境遇にある仲間同士、つながっています。そんなわたしたちが、時代や場所や文化を超えて抱えている、共通する疑問はなんでしょうか。

共通する心の痛みと言うべきでしょうか。ちょっと考えてみてください。たぶんいくつも思いつくでしょうが、その一つ、そしてたぶん最も大きな疑問は、愛する者の救いの問題だと思います。わたしたちの教会には、家族の中で一人だけ、夫だけ、妻だけ、あるいは子どもだけキリスト者。そういう人たちがいます。わたしたちの信仰の中心は、天の国と永遠の命の望みにあります。この望みを中心に据えて、そこを目標として、この世での生き方を定めます。その逆ではありません。イエス様が言われました。「たとえ全世界を手に入れても、自分の命を失ったら、何の得があろうか」。この一点にこそ、わたしたちの望みがかかっています。イエス様は罪びとであるわたしたちの罪を、代わりに負って十字架で死なれました。イエス様によってわたしたちは、罪をあがなわれ、神に受け入れられました。わたしたちは神の御子イエス・キリストと、信仰によって一つに結ばれ、そのきずなによって神の子とされ、天に国籍を持つ神の民として、神の祝福と永遠の命の約束を受けて、喜んで、感謝を抱きながら、この世を旅しています。

だが、わたしたちの多くは、家族の中で一人だけキリスト者。信仰を同じくしない人が、それが自分の親であれ、夫であれ妻であれ、我が子であれ、家族の中にいます。わたしたちは自分の救いを喜びます。しかし、同時に心には痛みが生じます。愛する未信者の人はどうなるかと。そのことを思うたびに疑問が生じ、心の痛みを感じます。わたしたちを不安にさせ、心からの喜びを抱かせなくする、恐ろしい疑問が浮かぶのです。キリストを信じることなく死んだ者には、救いはないのでしょうか。わたしは天の国に召されると信じるが、わたしの親、パートナー、子どもは、そこにはいないのでしょうか。家族も周囲もみんなキリスト者というキリスト教世界であれば、そのような疑問は生じないかもしれません。でも、ペトロが手紙を送った人々は、そうではありませんでした。キリスト教徒はきわめて少数の世界です。この手紙を今読んでいるわたしたちも同じです。そのような人々に対して、ペトロはこの手紙を書いたのでした。

キリストは、肉では死に渡されましたが、霊では生きる者とされたのです。そして、霊においてキリストは、捕らわれていた霊たちのところへ行って宣教されました。

わたしたちが信仰告白で用いる使徒信条は、こう宣言しています。

キリストは十字架につけられ、
死にて葬られ、陰府に降り、
三日目に死人の内よりよみがえり

はたしてペトロは、陰府に降っての三日間のことを、ここで語っているのでしょうか。ペトロは、牢獄にいる霊たちのことを、ノアの箱舟の時代に悔い改めず、神を信じなかった人たちのことだと言います。でも、ペトロは、文字通りの意味で、ノアの時代の話をしているのではありません。ペトロは洪水の水を洗礼の象徴として解釈し、ノアとその家族の八人というのは、ペトロの時代に存在していた少数のキリスト者を象徴しているのですから。ノアの時代に従わなかった霊たちというのは、キリストを信じることなく死んだ人の象徴です。死んで陰府に降ったキリストが行った、「捕らわれている霊たち」とは、昔の死者の霊の話ではなく、キリストを信じることなく死んだ、すべての人々の霊のこと、そう理解してよいのではないでしょうか。

ペトロは22節で、キリストが神の右におられると告げます。「神の右」は古代の表現で、全能の神の権威と力のすべてを委ねられた、すべてのものの主であるということです。この主キリストを、わたしたちは救いの主と信じています。キリストはすべてのものの救いの主なのです。「すべてのもの」である以上、例外はないはずです。そうであれば、「すべてのもの」の中に、死者の霊は含まれないことがあるでしょうか。愛する者、大切な人が、キリストを信じることなく死んだなら、いったいどうなるのか。そのことを決めるのはわたしたちではなく、すべてのものの主であるキリストです。ですから、これ以上を言うことは止めます。キリストの権限に属することですから。しかし、わたしは確信するのです。キリストを知らず、キリストを信じないで死んだ者に、望みがないわけではないと。そう確信する根拠があります。キリストは死んで葬られ、陰府に降り、捕らわれていた霊たちのところへ行って、宣教された。聖書はそう告げているのですから。

（2020,3/1）

4・1～6

1節

「そこで、キリストは肉において苦しんだのだから」と、キリストの苦難が先例として挙げられる。キリストの苦難がキリストによる救いの成就およびキリストの高挙と切り離すことができないように、キリストを信じる者にとっても苦しみは必然であることをペトロは主張する。

ここでペトロが対決するのは、神を信じるなら幸福と成功がもたらされるという俗信、あるいは幸福と成功を得るために神を信じるという、一般的な信仰理解である。キリストを信じることがそのような通俗的信仰とは対極にあることを、キリストの苦難自体が示している。キリストを信じることは、キリストと一つになることであり、それはキリストの苦難にあずかることに他ならない。そこで、ペトロは「あなたがたも同じ心構えで武装しなさい（ホプリサスセ）」と命じる。「武装する」という動詞をペトロが用いるのは、信仰的な生き方をする者は、それが暴言であれ、悪口であれ、差別であれ、あるいは物理的な暴力であれ、あらゆる攻撃を受けるからである。ペトロの時代のキリスト者には、それが現実であり、後の教会もいっそうの迫害を体験することになった。ただし、この武装はキリストの苦難を心にしっかりと留めて同じ苦難への備えとするという意味での、精神の心構えのことである。

キリストの先例に倣って、同じ心構えで武装するのはなぜなのか。その理由をペトロは、「なぜなら、肉において苦しんだ者は、罪を断ち切っているからである」（直訳）と述べる。「罪を断ち切っている（ペパウタイ　ハマルティアス）」を、岩波版は「罪に終止符を打ってしまったのである」と訳す。ここでペトロが告げるのは、「同じ心構えで武装する」ことなしには、つまり霊的な武装なしには罪を断ち切ることはできないということ、そしてその反対として、キリストの苦難と一つに結ばれることは肉において死んだということであり、それはまぎれもなく、罪に終止符を打った生き方をする者とされていることに他ならないことを明確にする。聖なる者としての生涯がはっきりと示されている。

ここでペトロは読者に、信仰を抱いて生きることの意味をはっきりと告げる。苦しみがないということは、キリストとではなく、世と一体だということである。キリストと結ばれてキリストと一つであるなら、非キリスト的、そしてしばしば反キリスト的なこの世の在り方との間に、軋轢と対立が生じる。この世においては、それは不当な苦しみや悪口やいじめ、時には暴力的な攻撃を受ける。苦しみがないということは、世と一体であることの証であり、苦しみがあることがキリストと一体であることの証である。だから、信仰ゆえの苦しみをペトロは3・14で、「義のために苦しみを受けるのであれば」と表現する。それは救いの証であり喜びに満ちあふれる根拠

（1・8、9）に他ならない。キリストを信じる者は、この世と一体であることから切り離されて、キリストと一体にされているのであり、それは天の国の民として、この世では寄留者であり滞在者（2・11）とされていることである。

2節

それはどのような者として、どう生きることなのか。そのことをペトロは少し修辞学的な美文調で表現する。「それは、もはや人間の欲望によってではなく、神の意志によって、あなたがたが肉における残された時間を生きるためなのだ」と。ここには、信仰者としての生涯が本質においてどのようなものであるかが示されている。わたしたちは確かにこの世での生涯を生きている。しかし、もはやこの世と一体化して、この世のものを欲することを生きる目的とするのではなく、神の御心に沿う生き方を願って生きるということである。

3節

この世と一体化した生き方がどのようなものか、ペトロは簡潔に物語る。「異教徒の意志をおこなってきた過ぎ去った時間はもう充分だからだ」と述べて、異教徒の意志するものがどのようなことかを、具体的な悪徳表として並べる。「好色、情欲、泥酔、酒宴、暴飲、禁じられている偶像崇拝」と。ペトロはここで異教徒の倫理的問題として、典型的な範例を挙げている。こうしたことにうつつを抜かしていたことは、信仰者にとってすでに過去のこととなった。問われているのは、信仰者がいまやどこに喜びを見出すのかということである。

4節

キリストを信じる者は、3節に例示されるこの世の喜びや楽しみを共有しないことによって、異質な人たちとして非難され、悪口を言われ、排斥される。みんなと同じことをせず、言わず、「乱行」に加わらないことは、世の人々には驚きである。同調圧力の強い社会であるほど、こうした批判や攻撃が強い。その現実をペトロは良く知っている。

5節

同調しないキリスト者をそしる者たちについて、ペトロはこのように予告する。「彼らは、生きている者と死んだ者とを裁こうとしておられる方に、申し開きをしなければなりません」。「生きている者と死んだ者を（ゾーンタス　カイ　ネクルゥス）」は、生死に関係なく全ての人を、の意。神の裁きを免れるものは一人もいない。しかし、それはキリストを知らずに死んだ者たちにとって、あまりに不当で無慈悲なことではないのか。ペトロの手紙の読者にとって、この問いは正当なものであり必然であった。キリスト教徒はかぎりなく少数者の社会だったからである。

6節

この問いを、ペトロは3・19とは別の仕方で取り上げ、ここで応答している。「なぜなら、このためにこそ死者にも福音が宣べ伝えられたからだ」と。ここではもはや、3・19とは異なり、「ノアの時代」という昔のこととしては語られていない。限定なしに「死者たちに（ネクロイス）」と言われている。新改訳２０１７は「死んだ人々にも生前、福音が宣べ伝えられていたのです」

と、原文にはない「生前」という言葉を補足している。これは明らかに、神学的な困難を回避するためにおこなわれた、翻訳を超える解釈行為と言わざるをえない。

わたしたちはこの箇所を、伝統的な正統主義神学の狭義な枠組に捕らわれず、ペトロの時代の宣教論的希望の神学として理解すべきではないか。それは現代日本社会にとってもとても示唆に富んでいる。キリストを知らずに死んだ者がどうなるのかという切実な問いへの、少なくとも希望を込めた応答だからである。西欧キリスト教世界は、千数百年の長きに亘り、この問題と真剣に向き合う必要のない社会であり続けた。聖書が語る古代教会の神学的可能性を、西欧神学はほとんど無視するか、否定的な解釈をほどこす努力を重ねてきた。非キリスト教世界に生きるキリスト者たちは、むしろペトロの手紙一と共通の社会的背景の中を生きている。後の時代の西欧神学の拘束から少し自由になって、古代教会が直面していた、極端にマイノリティな信仰者として生きるという課題に、聖書がどう可能性を示しているのかを、改めて問い直すべきであろう。

死者にも福音が宣べ伝えられたのは何のためなのか。そのことをペトロはこう述べる。「それは彼らが、人間によれば肉〔体〕においてさばかれても、神によれば霊において生きるためである」（直訳）。身体的な存在としては死んだが、霊において生きるために、死者にも福音が宣べ伝えられた。その結果については、ペトロは何も語らない。それは審判者の権限に属することだからである。

説教　この世とではなくキリストと結ばれている民

詩編３編
ペトロの手紙一４・１〜６

　どうやらペトロは、何かと対決しているようです。その何かとは、広く世間の人々に信じられている、宗教あるいは信仰心についての常識です。一般に御利益宗教と言われている考えです。自分の願望をかなえてもらうのが、信仰の目的だといった考え方が、ペトロの立ち向かう相手なのでしょう。

　誰でも、健康でいたい、幸福でありたい、豊かになりたい、成功したい、病気や苦しみから救われたい、そう願うものです。ＮＨＫ朝の連続テレビ小説で、「スカーレット」が放映されています。熱心に見ているわけではないですが、昨日の場面はこちらも泣きそうでした。主人公の一人息子が病で、余命数年という宣告をされました。母親である主人公は、親友に向かって泣きながら叫びます。「あの子はええ子や、何も悪いことをしていない、だのにどうしてこんなことになるのか」と。その叫びに共感しない人がいるでしょうか。病気が癒される、苦しみから解放される。貧しさから逃れられる。そういったことを宣伝する宗教があります。たくさん。そうでなくとも大抵の場合、商売繁盛や家内安全を祈願する宗教、貧病苦からの救済を約束する宗教は、どれほど多いことでしょうか。これは時代や文化を超えて、人間の切実な願望なのでしょう。信じれば癒されて病から解放される。信じれば物事が良くなる、信じれば成功や繁栄が伴う、信じれば手なのです。

ペトロの時代も同じでした。信じれば物事が良くなる、信じれば成功や繁栄が伴う、信じれば癒されて病から解放される。信仰とはそのためのものだという一般常識が、ペトロの対決する相手なのです。もちろんペトロは、そのような御利益を宣伝する宗教を敵視して、闘いを挑んでいるわけではありません。他の宗教がどうかはペトロの関心ではありません。キリストを信じる人たちが、キリストを御利益の神のようにしてしまうことを、ペトロは戒めているのです。キリスト教にそういった成功や儲けを期待し、安全や健康を願う人たちがいたのでしょう。そう願うこと自体が問題なのではありません。それが信仰の目的となることが問題でした。

ペトロは、それとは正反対のことを、キリストを信じる者の証として人々に示すのです。「キリストは肉において苦しまれたのだから、あなたがたも同じ心構えで武装しなさい」と。キリストを信じることは、キリストと一つに結ばれることです。キリストと結ばれるということは、キリストのいのちと結ばれることです。キリストのいのちと結ばれるということは、キリストの死と復活に結ばれることです。キリストの死と結ばれるということは、キリストの苦しみと結ばれることです。だから、キリストを信じる者は、キリストと同じように苦しみに遭う。それがペトロの告げることです。キリストのゆえに苦しみを受けること、それがキリストを信じる者の証明なのです。そんなのは嫌だ、そんなことなら信じたくない。そういう声が聞こえてきそうです。なぜなら、多くの人はなぜ神を信じるかと言えば、成功や繁栄が欲しいからであり、安全や儲けを期待しているからです。

わたしたちは何をキリストに望むのでしょうか。快適な生涯でしょうか。健康で長生きでしょうか。安全で無難な毎日でしょうか。もちろんそれらはわたしたちの祈りです。でも、そのために信じるのでしょうか。いいえ。キリストを通して神が与えてくださる救いは、成功のことではなく繁栄のことではなく、健康や長寿でもなく、まったく異なることです。キリストをとおしてわたしたちが受けるのは、罪の赦しであり、復活の望みであり、天に国籍を持つ神の民とされて、この世を旅人として、仮住まいの身として生きるようになることです。それは、別の言い方をするなら、こういうことです。わたしたちはこの世と一つに結ばれ、この世の何かを得ることを願い、この世の何かを最大の目標とする生き方から、キリストと一つに結ばれ、この世の何かではなく、天の国と永遠の命の望みを目標とする生き方へと、移し替えられたのです。

この世と一つに結びついているなら、望みも目標もこの世の中にあります。いかに上手く、快適に生きるか、いかにこの世の価値観に合わせたものを、自分の手に入れるか。それを目指して生きることでしょう。キリストと一つに結びつくなら、望みも目標もこの世の中のどこか・何かではなく、天の神のもとにあります。神の国の価値観に合わせて生き、そこに約束されたものを望み見て、生きることでしょう。それがわたしたちの生き方であるはずです。

キリストを信じる人は、世の人々とは異なる価値を信じます。世の人々と同じではありません。根本において、究極の望みにおいて、生き方の原則において、違うのです。だから、この世では変わった人とみられます。たしかにキリストを信じる人々は異質な人です。異質であることがいじめや悪口の対象になり、時には嫌われ排除されることは、わたしたちの身近にたくさんあります。学校でも職場でも地域社会でも、異質な人がいじめの対象にされるのを、わたしたちは良く知っています。同じでなければいけない、みんなに合わせなければいけない、同じように振る舞うことが要求される。それがこの世の現実です。どうでもよいことなら合わせればよい。でも、ほんとうに重要なこと、わたしたちの望み、わたしたちの愛、わたしたちの信仰がかかることには、わたしたちは信念を貫きます。なぜなら、天の国と永遠のいのちがかかっているからです。

だから、キリストのゆえに苦しむことは、ペトロによれば神の民として生きる証です。まったく何も世と異ならず、世の人々から何も違和感を抱かれないなら、わたしたちはキリストと一つなのではなく、世と一つになって生きているに過ぎませんから。わたしたちは知っています。キリストの救いと、キリストを通して与えられる神の約束が、どれほど絶大な価値のあるものかを。キリストとしっかり一つに結ばれていることが、何よりも重要です。そのことをペトロはとても強く表現しました。「キリストが苦しんだのと同じ心構えで、あなたがたは武装しなさい」と。

武装する。なんと過激な言葉でしょうか。だが、良く考えれば当然のことです。なぜなら、キリストを信じた時から、わたしたちは常にこの世の攻撃に、この世の悪口や批判に、そして何よりも同調圧力にさらされ、神の民から引きずり出されて、この世の人々の仲間へと取り組もうとする、そういう力に襲われ続けているからです。「武装」とペトロが言うのは、相手を攻めてして討ち滅ぼす攻撃兵器ではなく、詩編の詩人が3編で歌うような意味においてです。

主よ、私の苦しみのなんと多いことでしょう。
多くの者が私に立ち向かい
多くの者が私の魂に言っています
「あの者に神の救いなどない」と。
しかし主よ、あなたこそわが盾、わが栄光
私の頭を起こす方。
主に向かって声を上げれば
聖なる山から答えてくださる。

なるほど、「武装する」とは、「信仰的な楯」を持つということです。そして詩人によれば、わたしたちの防御すなわち楯は、神ご自身です。神に守られることを心に留めよ。そうペトロは呼びかけるのです。神を楯として、一切の悪口や攻撃を退けること。その信仰的な確信を持つことが、わたしたちにとって最高の防御です。それなしには、わたしたちは簡単にこの世の力に捕らわれ、すぐ、世と一体化する者の仲間にされます。

わたしたちがキリストを信じるということは、この世と一体であることから引き離され、キリストと一つに結ばれるということです。キリストと一つに結ばれるということは、キリストの苦難と死、そして復活のいのちに結ばれるということです。今は、それがわたしたちの身元であり正体です。

ペトロをはじめ聖書は一貫して、すべての人は、生者も死者も、神の裁きの座に立たされることを教えています。神はすべての人を裁き、その裁きは公平で厳格です。その裁きの座において、わたしたちがキリストと一つに結ばれている、ということの意味が輝き渡ります。裁きの座にキリストが共におられることだからです。聖書はキリストを弁護者と呼びます。わたしたちは自分が神の前で完全に正しいなど、だれも言うことの出来る人はいません。だが、その場で共におられるキリストが、わたしたちの弁護者として、こう宣言してくださいます。「この者はわたしと一つに結ばれている。わたしのゆえに御国に受け入れられる」と。キリストと結ばれているから、わたしたちは天の国と永遠の命を受け継ぐ。そう信じます。わたしはキリストによって、神の救いにあずかっている。天の国と永遠の命はわたしのものだ。その喜びと確信があります。

しかし、同時に問わざるをえません。なぜなら、ペトロの手紙の読者も、現代日本のわたしたちキリスト者も、きわめて少数者、マイノリティであって、家族や愛する者が未信者だからです。キリストを信じることなく死んだ者は、どうなるのか。裁きの座にキリストが共にいてくださらず、天の国と永遠の命を受け継ぐ望みはないのか。その疑問にペトロは応答しているのです。「このためにこそ、死者にも福音が宣べ伝えられたのだ」と。死者にも福音が宣べ伝えられた。これは大きな慰めの宣言です。キリストの憐れみと愛が、すべての者、死んだ者にさえ表されることが、力強く証言されているのですから。

（2020, 3/8）

4・7〜11

7節

「万物の終わりが迫っています」は、世の終わり（終末）が近づいていることを読者に思い起こさせる。だが、終末の緊迫感は、パウロのような終わりの近さ（たとえば一テサ4・15〜18など）と言うよりも、キリストを信じるようになってからの生涯の短さを示すものであろう。ペトロは4・2で「肉における残りの生涯」という言い方をしている。これはキリストを信じてからの生涯時間を意味する。それが五年なのか、十年なのか、数十年なのかに関係なく、ペトロは「残りの生涯」と語る。若い時に信仰を抱いたのであれば、順当ならそこから数十年の生涯があり、高齢で信仰を抱いたのなら、数年かもしれない。「残りの生涯」という表現は、読者に短い時間という印象を与える。そこで、ペトロも時間的に近い将来のキリスト来臨を確信しているかのように見える。だが、ペトロはここでむしろ、信仰を抱いてから天に召されるまでの時間と、天の国における永遠の命とを対比させているのではないか。天の国でのいのちとの対比において、地上で信仰を抱いて生きる生涯は短い。それゆえに「残りの生涯」という言い方になったのではなかろうか。

残りの生涯は短く、その終わりは近い。その事実に基づいて、信仰者はどう生きるかが問われる。それは三、四節で描写された、信仰を抱く前のこの世の人としての生き方、すなわち「度を越した同じ放蕩」（新改訳2017）とは異なる生き方をすることである。信仰者の生き方をペトロは、二つの命令で表現する。「思慮深くありなさい（ソーフロネーサテ）」、「祈りへと自分を整えなさい（ネープサテ　エイス　プロスウクサス）」。

「思慮深くある」は、（神の）知恵に基づいて自分で考え判断すること。3、4節との対比で考えるなら、周囲の人々の習慣や行動に引きずられるのではなく、どのような言動がふさわしいかを、信仰に基づいて良く考えて判断することを指す。「祈りへと自分を整える」は、祈りが何を意味するかを考えることから判断できる。祈りが、心を神に向けて、神との交わりと対話を持つことであるとすれば、常に神を意識し、神の前に自分を置くことであろう。この二つの基本姿勢が、信仰を抱いてからの「残りの生涯」を特徴付けるのでなければならない。それは基本的に聖なる者の生き方である。

8節

二つの基本姿勢を示した上で、ここでペトロはパウロの一コリント14・1を彷彿とさせる仕方で、信仰者が具体的にどう生きるべきかを告げる。

最初に挙げるのは愛を生きることである。「何よりもまず（プロ　パントーン）」という前置きで、もっとも重要なこととして伝えるのは、「互いに絶えざる愛を抱きなさい」。教会の兄弟姉妹の交わりは、「愛がなければ、無に等しい」「(一コリ13・2)。「エクテネー」を「心を込めて」(新共同訳)あるいは「熱心に」(新改訳2017)と訳すのも良いが、むしろペトロはここで、「どんな時にも」という意味合いで語っているように思われる。互いに愛することができるような状態の時だけでなく、怒りや不快感、あるいは敵意を抱くような状況の中で愛するようにと、ペトロは告げているはずだからである。そうでなければ、続く「なぜなら、愛は多くの罪を覆う(あるいは隠す)からです」という言葉の意味が明瞭ではなくなる。信仰共同体における人間関係は、罪と無関係ではない。互いに傷つけ、あるいは誤りを犯すことが生じる。その時にどうするのかが問われている。それでもなお、互いに愛し合うことが前提になっていなければ、信仰共同体は気に入った人だけのサークルのようなものになってしまう。愛は罪を帳消しにはしない。傷つけられた者の内に痛みの記憶は残る。それでもなお愛するとき、その罪は愛によって覆いを掛けられ、互いへの関係を罪が損なったり破壊したりすることにならない。愛による赦し合いは相互的である。

9節

「もてなし合いなさい(フィロクセノイ エイス アレールウス)」は、旅人をもてなすこと。古代教会において、旅する信仰の仲間が、旅先の教会で誰かの家に迎え入れられる風習があった。旅の使徒や伝道者だけでなく、信仰者である旅の商人なども含まれていたのであろうか。「不平を言わずに（アニューゴングスムゥ）」という条件付けがなされているのは、嫌々、しぶしぶ、文句を言いながら強制されている感を露骨に表す人たちもいたからであろう。もてなしを積極的、肯定的におこなうことを、ペトロは強制的な義務としてではなく、この世における残りの生涯を生きている信仰者にとっての、基本的な姿として表すようにと勧告している。

現代の日本の状況で旅人をもてなす機会は、おそらく古代教会ほどに多くはない。もてなしは、旅人に限定するのではなく、互いへの親切と善意と解釈してよいであろう。

10節

「各自はこのように賜物を受けているのだから」は、信仰者が例外なく、「各自（それぞれに）（ヘカストス）」が賜物を受けていることを告げる。だれも賜物のない人はなく、したがって自分に与えられている賜物を用いて互いに仕えることのできない人はいない。肝心なことは、「さまざまな神の賜物のよい管理者として、互いにその賜物によって仕え合う」生き方をすることである。

11節

賜物の具体的な内容として、ペトロは「語ること」と「奉仕すること」の二つを挙げる。10節の「さまざまな賜物」あるいは「あらゆる種類の賜物」が、この二つの賜物に分類されるのかどうかは明確ではないが、この二つが特別な意味を持つことは明らかである。

「もし（ある人が）語るのであれば、神の言葉として」、「もし（ある人が）奉仕するのであれば、神が与えてくださる力に依るものとして」。ここで明らかなことは、説教であれ奉仕であれ、賜物を与えられている人の力に基づくのではなく、神にその源があるということである。もちろん、説教者や奉仕者の個人的資質や能力は関係する。しかし、それが教会の中で互いへの賜物の用い合いとなるのは、それが神の賜物であり、神の働きによるからである。そのことをわきまえれば、与えられた賜物を用いることが、神に対する責任であることは明らかである。

賜物を互いに用い合う生き方が何を目指してのことなのか。その目的をペトロは「ヒナ」節によって告げる。「すべてにおいて、イエス・キリストを通して神の栄光がたたえられるために」。どのような説教も奉仕も、語る人や仕える人の栄誉・栄光となるのではなく、その賜物を与えてくださる神のみに栄光が帰されるのでなければならない。人間の礼賛に結びつくと、教会は神のものではなく、人のものとなってしまう。

続けてペトロは、この箇所を頌栄で閉じる。「この方に、栄光と支配が、世々限りなくありますように」。「栄光と支配（ヘードクサ　カイ　トクラトス）」は、この世界のすべてが含まれている。神がすべてのすべてである。

説教　キリスト者は「残りの生涯」をどう生きるか

申命記6・4
ペトロの手紙一4・7～11

世界は歴史の中で何度も、世の終わりを意識させられてきました。中世ヨーロッパで十年ごとにペストが流行し、そのたびに人々は世の終わりを実感しました。平安時代の終わり、戦乱と疫病と飢餓が日本全土を包んだ時、人々は世の終わりの時代だと信じました。広島と長崎に原爆が落とされたとき、炎の中で人々は世の終わりを体験しました。戦後の東西冷戦の時代、核兵器が世の終わりをもたらすのではと、人々は恐れて来ました。いま、地球温暖化によって、あるいは生態系の破壊によって、世の終わりを意識させられています。

世界の破滅、人類の滅亡、そういったことが世の終わりでしょうか。イエス様も終わりの時が近いことを教えました。弟子たちはその言葉を信じ、世々の教会もそう信じて来ました。しかし、イエス様が世の終わりを語るとき、それは世界の破滅や人類の滅亡ではなく、主イエスが再び来られ、すべてのものを裁き、神の国が成就する、その時のことを告げているのです。ペトロはきょうの聖書の箇所で、冒頭から断言します。「万物の終わりが迫っています」と。このペトロの言葉も同じです。万物の終わりの時とは、キリストが再び来られる時のことです。「わたしは再び来る」という、主イエスの言葉が成就する時であり、それは神の国が実現することであり、神の平和が支配することであり、キリストが約束してくださった、神の国と永遠のいのちの望みが、現実となる時のことです。キリストを信じる人々は、最初の弟子たちから現代に至るまで、皆がその時を待ち望んできたのでした。それがいつ起きるのか、どのように現実となるのかは、誰にもわかりません。イエス様ご自身が、「その時はわたしも知らない、ただ父なる神のみがご存じだ」と言われたのですから。

万物の終わりがいつ、どのように来るか、それは父なる神の権限に属することです。しかし、キリストを信じる者は、やがて、いつか、その時が来ることを信じ、待ち望んでいます。万物の終わりの時は、神の国と永遠のいのちが成就する時です。わたしたちもいつか死ぬ時が来ます。でも、わたしたちは、死が、天の御国に召されることだと信じています。生涯が死で終わらず、このいのちが神の国に受け継がれ、永遠のいのちへと開かれます。人はせいぜい長生きしても八十年か九十年。聖書に従うなら、人の寿命はたかだか百二十年にすぎません。キリストを信じるということは、その短い生涯の終わりが、そこにある死という難攻不落の壁が、キリストによって打ち砕かれ、わたしたちのいのちが、キリストをとおして永遠へと開かれること、百年に満たない将来にある終わりが消え、永遠へと開かれることです。だからペトロは、4章の2節で、キリストを信じる者の生涯のことを、「肉における残りの生涯を生きる」という、とても不思議な表現で言い表したのでした。

「肉における残りの生涯」というと、少ししか残っていない短い生涯のようです。しかし、実際にそうなのです。何歳の時にキリストを信じたかは人それぞれ。生まれた時からの人もいれば、小学生の時、中学生の時、大学生の時、あるいは四十代、五十代、あるいはわたしたちの教会でも、高齢者になって信じた人もいます。キリストを信じてからの生涯は長短さまざま。短い方の中には数日という方がおられます。洗礼を受けてすぐに天の御国に行かれた方があります。数年、十数年、あるいは数十年。信仰を抱いてからの寿命が、五年か十年か、五十年か。その時間的な長さに関係なく、永遠のいのちへの繋がりで考えれば、なんと短いものに過ぎないでしょうか。キリストを信じてからの生涯は、文字通り、肉における残りの生涯です。なぜなら、開かれた永遠と比較するなら、ほんとうに短いものに過ぎないのですから。永遠のいのちへと開かれている生涯を、今わたしたちが生きているのだとすれば、わたしたちはこの世での残りの生涯を、どのように生きるべきでしょうか。いや、むしろ、どのように生きることができるのでしょうか。たしかなことは、この世がすべてであって、この世の寿命が終われば全てが終わる、そのような閉ざされた生涯を、わたしたちは生きてはいないということです。

キリストを通して神の国の民とされて、わたしたちは今を生きています。もし、この世の寿命が全てだと考えるなら、この世のことだけを考えて生きてゆきましょう。しかし、キリストを通して、神の国と永遠の命の約束を信じるのなら、この約束をなによりも価値のあるものとして、何よりも大切にして、しっかりと保つ仕方で生きるべきです。どうして、やがて朽ちて失われる、この世の何かのために、神の国と永遠の命を手放したりするでしょうか。わたしは体験から断言できます。地上の命の終わりを悟った兄弟姉妹は、その時から神の国と永遠の命の望みが、いっそうリアルになり、輝きを増し、この世の命が終わるときには、それが最高の、比類のない価値として、その人を支え、死を越えて、永遠のいのちへと至ることを。

神の国と永遠の命の約束を信じ、この約束をなによりも大切にして生きる。それはどのような生き方でしょうか。ペトロは、二つの命令として教えています。第一の命令は「思慮深くありなさい」。この言葉の意味は、神の教えと神の御心に基づいて、自分でものごとを判断し、どのように行動し、何を語り、何を大切なこととするかを考える、ということです。「自分で」と言いましたが、自分一人でという意味ではありません。わたしたちは判断の基準を、もちろん自分でも考えますが、教会で教えを聴き、互いに語り、信仰を分かち合うことで、思慮深さを養い育ててゆきます。世の多くの人は何に基づいて考え、何に動かされて行動するでしょうか。大抵の場合、世間の動向や、みんながどう言っているか、政治家や有力者がなにをどう語るか、そういったことを判断材料にします。時としてそれは、思慮深さとは対極の生き方です。たとえ思慮深く心がけるとしても、それは結局、自分や他の人の考えのこと。神の言葉によって、わたしたちは考え、判断します。

第二の命令は「身を慎んでよく祈りなさい」。もっと直訳的に言いましょう。「祈りへと自分を整えなさい」。これはどういう意味の命令でしょうか。「祈り」とは何かということと関係します。

祈りとは、神に心を向けることです。神を覚え、神を意識し、神との交わりを心に留めることです。人は大抵の場合、自分に心を向けます。あるいは他の誰かの言動に心を向けます。だが、神に祈る人は、神を覚え、神を意識し、神に語り、神に呼びかけ、神に訴え、神に心を開き、神の声を聞き取ろうとします。自分の心を神に向けて、天を見上げながら生きるようにしなさい。それが第二の命令の意味です。

この二つの命令は、わたしたちがこの世での生涯を、ペトロの言葉を使うなら、肉における残りの生涯を生きる上での、大原則なのです。でも、大原則ではあっても、たぶん抽象的でわかりにくいです。そこでペトロは、この大原則を具体的なかたちで、わたしたちに教えてくれています。わたちたちはどうすべきか。「何よりもまず」という言い方で、わたしたちにとって一番大切なことを、ペトロは教えてくれました。

何よりもまず、心を込めて愛し合いなさい。

「心を込めて」と訳された言葉の元の意味は、「どんな時にも」「絶えず」という意味です。たぶんそう訳すべきでした。なぜならペトロはここで、互いに愛し合うことを、そうできる良好な関係の人同士だけでなく、時に対立したり、仲たがいしたり、怒りを感じたり、場合によっては敵対してしまう、そういう兄弟姉妹に対しても、互いに愛しなさいと命じているのだからです。そうでなければ、続く言葉が意味をなさなくなります。ペトロはこう続けるからです。

なぜなら、愛は多くの罪を覆うからです。

教会は人間の集まりです。だから罪と無関係ではありません。心ない言葉が発せられることがあります。人の好き嫌いが出ることがあります。誰かに怒りを覚えることがあります。不当な扱いや行動をされることがあります。互いに傷つけたり、誤りを犯すことがあります。それは避けることのできない現実です。嫌になって教会を離れるのでしょうか。気に入った仲間だけの教会がいいと考えるのでしょうか。それでは教会は神の民ではなく、ただの同好会かサークルです。旧約聖書のイスラエルの民を考えてみましょう。彼らはけんかし、争い、指導者であるモーセを罵り、文句を言い、それでもモーセはそんな人々に、「出て行け」とは言いませんでした。人の好き嫌い、罪深いかどうかに関係なく、ただ一つの揺るぎない事実に基づいて、あらゆる人々が神の民として、一つの群れとしてあり続けたのでした。

聞け、イスラエルよ。我らの神、主は唯一の主である。

教会も同じです。愛は罪をなかったかのようにはしません。誰かの罪が、他の誰かを傷つけます。だが、それでも互いに愛し合う時、その時には、その罪は愛によって覆いを掛けられ、互いに受け入れ合うことができます。何よりも忘れてはならないのは、主イエス・キリストがわたしたちを愛して、キリストの愛によって、わたしたちの罪が覆われたということです。

ペトロは二つの大原則を生きることにおいて、「どんな時にも互いに愛し合いなさい」という、具体的な命令として告げ知らせました。それだけが、わたしたちが自分の罪を覆われ、自分に対して罪を犯す者の罪を覆うからです。キリスト者が「残りの生涯」をどう生きるか。ペトロは他の命令を続けますが、きょうは何よりも重要な愛の命令だけで、止めておくことにしましょう。他の命令、もてなし合うこと、賜物を用いて仕え合うことは、いつかの機会に譲ることとします。

（2020, 3/15）

4・12〜19

12節

「愛する者たち（アガペートイ）」という呼びかけによって、ペトロはこの手紙でここまで伝えてきた手紙全体の目的を、最後のまとめとして告げる。その目的とは、キリスト信仰が繁栄や安泰のためではなく、天に蓄えられている財産を受け継ぐ者とされることであり（1・4）、「選ばれた民、王の祭司、聖なる国民、神のものとなった民」とされることであり（2・9）、信仰がこの世の常識、この世の在り方とは相容れず、むしろ信仰のゆえに「悪人よばわり」（2・12）され迫害されることになり、それゆえにキリストを信じて生きることは「寄留者であり、滞在者」となることだと、読者に理解させることである。

呼びかけに続いて、「驚き怪しむな（クセニゼスセ）」という命令を最初に告げる。これまでペトロが繰り返し告げてきた、正しいこと（信仰）のゆえに苦しむことへの疑問を払拭する命令である。なぜ悪をおこなっていないのに苦しみに遭うのか。それは信仰者の必然だからである。何を驚き怪しんではならないのか。「あなたがたの内に試みとなる火が燃えることが、あなたがたに起きていることを」。この箇所の訳をこのようにしてみた。新共同訳は「あなたがたを試みるために身にふりかかる火のような試練」と訳す。聖書協会共同訳も新共同訳とほとんど変わらず、「あなたがたを試みるために降りかかる火のような試練」と訳す。どちらの訳も、試練は信仰者の外から降りかかるものとして解釈している。だが、ここでペトロが言うのは、信仰者の内側で試みとなる火が燃えるのであり、それが試練となるということではないか。そうだとすれば、ここでペトロが告げるのは、試練は外から来るのではなく、不当な悪口、中傷誹謗などを受けたことによって、信仰者の中に燃え出て来る怒り、嘆き、憎しみ、敵意の火が試練となることである。神を信じる者が、不当な苦難を受けることによって、怒りと嘆き、そして報復の火を内に燃やすことは、実に多くの詩編が証言している。両聖書は、試練が外から襲いかかる苦難だと解釈しているが、適切とは思えない。新改訳２０１７は「あなたがたを試みるためにあなたがたの間で燃えさかる試練」。この訳は、「あなたがたの間で」とすることによって、どちらともはっきりしない曖昧さが残る。岩波版は「あなたがたに試みとして生じる火があなたがたの中に燃えるのを」。この訳が日本語訳聖書としてはもっともよいように思う。

どのように驚き怪しんではならないのか。「あたかもあなたがたにとって初めて起きているかのように」。ここでペトロは信仰ゆえに受ける苦難を、思いがけない体験であるかのように動揺することを戒める。なぜなら、すでにキリストがそうした苦難の前例であり模範だからである。神を信じて生きることは、快適さと幸運ではなく、かえって苦難をもたらす。その事実を理解していないと、信仰のゆえに苦難を受ける時、信じることの意味を疑い、信じることを止める方が良いと結論付けることになりかねない。

信仰ゆえの苦難は、キリストに倣うならば当然のこととして予期すべきことである。この世が反キリスト的であることは明らかだからである。この世の価値基準からすれば、キリスト者は異質な存在だが、神の基準から見れば、この世が異質なのである。ただ、その価値判断がこの世で逆転するのは、キリスト者が圧倒的に少数者であり、この世の価値を生きる人々が圧倒的多数者だからである。キリストと一つに結ばれていることは、キリストの愛、憐れみ、正義と結ばれて生きることであり、それゆえキリストと同じように苦難を受けることになる。そのことが信仰者に動揺を与えることになってはならない。

13、14節

「そうではなく（アッラ）」は、驚き怪しむことと対極を求める。驚き怪しむのではなく、「キリストの苦難に与れば与るほど、喜べ（カイレテ）」と。ここではもはや、信仰者の苦難はキリストの苦難と一つである。なぜ信仰者が喜ぶべきか、その理由をペトロは続けて述べる。「キリストの栄光が現れる時にも、歓喜して喜ぶために」。信仰者の今の苦難は、ただ耐え忍ぶだけのためのものではなく、終わりの日にキリストが栄光と共に来られる時の喜びを先取りする喜びが伴う。キリストの苦難にあずかることは、キリストに属する民とされていることの証、すなわち、「朽ちない財産を受け継ぐ者」（1・3、4）であり、「選ばれた民、神の祭司、聖なる国民、神のもの」（2・9）とされ、それゆえに世の定住者であることから切り離されて、「寄留者、滞在者」（2・11）とされた者であることが表されることである。

キリストの名のために非難されることがなぜ幸いなのか。「栄光の霊、すなわち神の霊が、あなたがたの上にとどまってくださるから」である。ここでペトロは、キリストの上にとどまっていた神の霊を思い起こし、その同じ霊が信仰者の上にとどまっていることを語っているのであろう。ヨハネ福音書14・26、15・26をも想起させる。

15節

しかし、苦しみであれば全て同じというわけではない。信仰のゆえの苦しみは、悪事の結果の苦しみと峻別される。ペトロは四つだけを悪徳表として挙げるが、これらは具体的な例として挙げられているにすぎない。最後の「他人に干渉する者（アロトゥリエピスコポス）」は「他人の（アロトゥリオス）」と「監督（エピスコポス）」の合成語。他人のことに干渉して不当な儲けをしている者のことであろうか。さまざまな犯罪行為を代表させるための多様な事例ということであろう。こうしたこの世の法廷で（正当に）裁かれる悪事は、キリスト者として避けなければならない。こうした行為によって裁かれるのは恥ずべきことである。

16節

「だが、もしキリスト者としてであるなら（エイ デ ホース クリスティアノス）」、事態はまったく異なる。「恥じることをするな、この名において神に栄光を帰せよ」。世間の人々がどのように考えようと、どう中傷誹謗しようと、キリスト者は胸を張って、誇り高く神をたたえて生きるべきである。「クリスティアノス」はここと使徒11・26に出て来る。キリストに従う者、もしくはキリストのものである人の意味で、キリストの弟子たちに付けられた名称。

17節

「神の家から裁きが始まる」という思想は、エレミヤ25・29、エゼキエル9・6に基づくイスラエルの裁きをキリスト教会に適用したと考えられる。裁きは公平ですべての民に及ぶが、神の民から裁きが始まる。神の裁きを信仰のゆえの苦難とどのように結び付けているのかは明確ではない。だが、著者は現在の苦難を神の裁きの始まりとみているのであろう。ここでペトロは信仰者に対する裁きと、神の福音に従わない者に対する裁きを対比させている。

18節

この対比は箴言11・31を根拠としている。「もし、正しい人辛うじて救われるのなら」は、信仰者に楽観を許さない。神を信じている者は、信仰ゆえの苦難を喜んで耐えることが求められる。それが救いを現実にするからである。「不敬虔な者や罪人はどうなるのか」。直接にはペトロは答えないが、答えは読者にとって明白であることが前提とされている。

19節

この主題の結論として、信仰者の生き方が、道標のように与えられる。「神の意志に基づいて苦しみを受けている人たちは、自分たちの魂を真実な創造主に委ねよ、善をおこないながら」

（直訳）。良い時も悪い時も変わらずに、善を生きつつ神に信頼することが、歩むべき道である。

説教　キリストを信じる者は世にではなく神に従う

エレミヤ書28・1〜9
ペトロの手紙一4・12〜19

自分であれ、親しい誰かであれ、試練に遭うのはつらいことです。試練はどれもつらいですが、それが不当な試練であるとしたら、いっそう苦しいことでしょう。不当な逮捕、不当な投獄、不当な暴言、不当な中傷誹謗、実際そのような目に遭うとしたら、わたしたちはとても苦しむことでしょう。もしその試練が、キリストを信じているからというだけの、不当なものだとしたら、その苦しみは二重の意味で深刻です。不当で理不尽な苦しみに遭わされている、その試練に加えて、どうしてこんな不当な苦しみを味わうのかという、信仰の意味が問われるからです。キリスト者であれば、信仰のゆえの試練に遭うとき、この疑問と嘆きを抱かない人はいません。

ペトロがこの手紙を書いた時代の、手紙の受取人は、まさしく信仰ゆえの不当な試練を体験し、苦しんでいたのでした。キリストを信じる信仰者だという、それだけの理由で悪口を言われ、非難され、攻撃され、迫害されていました。信仰が問われる事態に直面させられました。なにか悪事を働いたからではなく、神に従う信仰的な生き方をしていた、ただそれだけの理由での試練でした。今の日本に生きているわたしたちは、キリストを信じているからといって、ときどきは変な人、風変わりな人とみられ、時には多少の不自由さもあるでしょうが、それほどまでの試練は感じないでしょう。でもキリシタンの時代はどうだったでしょうか。江戸時代から明治までの時代はどうだったでしょうか。いずれもキリストを信じているだけで、投獄され拷問され追放されました。第二次大戦中はどうだったでしょう。敵のスパイと言われ、非国民と呼ばれました。今も世界各地で迫害は現実です。

神はなぜ、信じる者を快適にさせないのか、神はなぜ、安全と繁栄ではなく、不当な試練を信じる者に与えるのか。神を信じているのになぜなのか。それが信仰者にとって不思議です。どうしてと、驚き怪しむことになります。不当さと神に対する疑問。それが二重の苦しみの原因です。ペトロはそんな試練に遭って思い悩み、困惑し、戸惑い、苦しんでいる、辺境の地に生きる少数のキリスト者に向かって、こう語り告げたのでした。

愛する人たち、あなたがたを試みるために身にふりかかる火のような試練を、何か思いがけないことが生じたかのように、驚き怪しんではなりません。

なぜなら、信仰を抱いて生きる者にとって、信仰ゆえの試練は、不思議であるどころか、むしろ当然の体験だからです。わたしたちが神を信じるのは、安全や繁栄や成功のためではありません。わたしたちが神を信じるのは、キリストを通して罪を赦され、神の子として受け入れられ、天に国籍を持つ神の民とされて、天の国と永遠の命を望んで生きるためです。その身分を喜び、神の約束を信じて、神の民とされた者らしく生きるためです。

それが何を意味するかは明らかです。キリストを信じる者は、もはやこの世の中だけを全てと思わず、神の国こそわたしたちの本国、わたしたちの故郷だと信じます。そうであれば、神を信じるということは、この世に合わせる生き方をやめて、神に従う生き方をすることです。神に従う生き方とは、この世の価値と常識とは異なる、神の価値と神の御心に沿う生き方です。

もちろん、わたしたちは、この世の全てが悪いなどとは思いません。この世をすべて否定するのでもありません。しかし、この世の価値と常識の多くは、この世そのもの、あるいは、この世の何かを目的として目指させ、この世を第一に求めさせます。キリストを信じて神に従う時、わたしたちは世を第一に求めることを止め、神の国の民として、神の国と神の義を第一に求める、そのような生き方へと変わりました。世の価値と常識に基づいて生きる人たちには、そんなキリスト者の生き方は、まったく異質なものに思われます。だって、変でしょう。せっかくの日曜日なのだから、家でごろごろするか、どこかに遊びに行くか、平日はできない用事をすればよいのに、教会に集まって礼拝をするのですから。キリスト教徒は変な人たちでしょう。だって、たとえ王や支配者の命令でも、神の御心に反するからという理由で、従わずに王や支配者の怒りを買うのですから。キリスト教徒は異質な人たちでしょう。だって、国家や権力に従わず、社会の流れや世の人々の風潮に合わせず、神に従うことの方を選ぶのですから。

神に従うキリスト者は、いつでもどこでも、異質な人として、悪口を言われ、迫害される可能性があります。ペトロの時代のキリスト者は、まさにそんな世界で生きていたのです。その時代、洗礼を受けたいと望む人は、教会の指導者から尋ねられました。「あなたは洗礼を受けてキリスト者になると、世の人たちから悪く言われ、迫害され、もしかすると逮捕されます。それでもキリスト教徒になることを望みますか」。「はい、望みます」。そう答える人に洗礼が授けられました。今の時代、わたしたちはそのようには尋ねません。だが、その心構えはあったらよいと思います。そんな時代に、辺境の地で、ごく少数者として生きていたキリスト者は、どう生きるべきかが問われたのでした。

選択肢は三つあったはずです。第一の選択肢は、信仰を棄てて世の人々と同じになり、この世の定住者に戻ってしまうことです。みんなと同じになり、みんなに合わせるなら、もう悪口も中傷も迫害もなくなり、こんなに楽なことはありません。それによって失うものは大きいですが。

第二の選択肢は、信仰を秘密にし、自分の心の中に隠して、世の人々に合わせて生きることです。神に喜ばれないという心の重荷を、代償として負うことになりますが。

ペトロは第三の選択肢を、試練の中にあるキリスト者に示しました。ペトロが示すのは、キリスト者としてしっかりと神に従い、もしキリストのゆえに試練を受けるなら、そのことを喜ぶという道です。もちろん、誰だって試練は嫌です。試練を歓迎する人はいないでしょう。でも、神に従う生き方をして、それゆえに試練を受けるのであれば、そのことを喜ぶべきだとペトロは言います。その理由は、試練という苦しみをはるかに越えて、キリストを通して与えられている恵みが、絶大であり、永遠の喜びだからです。キリストを信じるということは、キリストと一つに結ばれることです。キリストと一つに結ばれるなら、わたしたちの生涯は、キリストと同じ道を歩むのですから、この世の在り方から異質です。キリストが受けた苦難が、わたしたちの体験となります。ペトロはそのことを言うのです。キリストが受けたように苦難を受け、信仰ゆえの試練を受けることは、キリストに属する神の民の証だと。キリストを信じて神に従う者は、どのような者とされているのでしょうか。キリスト者は何者なのでしょうか。ペトロは2章9節で、くどいほどに言葉を連ねて信仰者の正体を語ります。

あなたがたは、選ばれた民、王の系統を引く祭司、聖なる国民、神のものとなった民です。

だがそれは同時に、この世の定住者ではなくなり、この世がすべてではなくなることです。だからキリスト者のもう一つの正体を、2章11節で、このようにも語るのです。

あなたがたは旅人であり、仮住まいの身なのです。

これがわたしたちの身元であり正体です。もし、この正体がわたしたちにとって、もっとも価値のあるものであって、この世のいかなるものにも代え難いのなら、わたしたちは信仰を貫いて生きます。この世でできるかぎりよく生き、世での生活を大切にし、この世で最善を尽くし、心から喜び楽しみますが、信仰者としての生き方を貫く上で、世から悪く言われ、非難され、世から異質な者として迫害されるなら、わたしたちはそれを喜んで受けます。信仰ゆえの神の恵みと約束を失うよりはむしろ、わたしたちは世の利益を捨てます。わたしが心から尊敬する、信仰を貫いて生きた人の一人に、高山右近という戦国武将がいます。高山右近は豊臣秀吉に棄教を求められました。財産、領地、名誉。秀吉にとってもっとも大切な価値ですから、それらと信仰を量りにかけるなら、右近は信仰の方を捨てるに違いない。そして右近さえ棄教すれば、他のキリシタン大名もそうするに違いない。それが秀吉の確信したことでした。しかし、秀吉の確信はみごとに裏切られます。右近は棄教を拒み、領地と財産を没収されました。金沢の前田利家の元に身を寄せましたが、徳川家康が棄教を迫ってそれを断り、日本から追放されることになりました。高齢の右近は、長崎まで家族と共に徒歩で連行され、船でフィリピンのマニラに追放されました。マニラでは王を迎えるように盛大な歓迎を受け、しかし、困難な旅が原因で、ほどなくマニラでその生涯を終えました。その右近が、日本から追放されるにあたり、友人であった細川忠興に送った最後の手紙が、細川家の文書庫に残されています。この手紙は、この世で最善を尽くして生き、名声と地位を獲得しながら、しかし、信仰を貫くことを第一として、天を故郷として祖国から追放された、高山右近という信仰者の証です。現代の言葉に直したものを読みます。

ひとたび放たれた矢のように、もう再びこの地にもどるまいと決意していますので、ここにその死ぬ決意の者の名を永遠に残そうと書きとどめます。彼は戦場の勇士として命を賭し、天下に名を知られました。私は南国にいたり、命の名を刻むのは天であり、この世には忘れさられるのはどうでしょう。この六〇年の人生の労苦を思い、お別れいたします。言葉にはつくせませんが、数々のこと御礼申し上げる次第です。

（川村信三『キリシタン大名　高山右近とその時代』教文館、二三二頁）

命の名を刻むのは天。この信仰的な信念を貫き、この世にではなく、神に従う、信仰者としての生き方を全うしたい。そう願います。

（2020, 3/22）

5・1〜7

1節

ここから手紙は、「わたしは勧告する（パラカロー）」によって導入される、勧告部分に移る。教会の職務および立場に基づく勧めが語られる。最初に勧告を受けるのは「あなたがたの中の長老たち」である。「長老（プレスブテロス）」は、年齢が上の人、あるいは教会における指導的職務をさす。著者（ペトロ）が自らを「同僚の長老（ホ スムプレスブテロス）」と称していることから、ここでは職務としての長老職を指している。古代教会において、長老職は会衆を教え導く説教職であった。長老たちに勧告を与えるのは、「同僚の長老」（単数形）としてのペトロである。

ペトロはここでさらに、自らの立場を二つの形容句で表現する。「キリストの受難の証人」であり「まもなく明らかにされる栄光に共にあずかる者」と。キリストの受難の証人は、キリストの受難を直接目撃した者という意味ではなく、キリストの受難についての証人、あるいはもっと可能性の高い意味として、「キリストの受難に自らもあずかっている者」のこと。その方が、続く栄光に共にあずかる者という表現との組み合わせを語る1・6、7と一致するからである。そうであれば、ペトロはここで、迫害による苦難の中にあって、指導者として会衆と共に苦しみを受けている長老たちと自分自身を、苦難において一体であることを示そうとしていることになる。苦難を共にしているだけでなく、諸教会の長老たちはペトロと共に、まもなく明らかにされる栄光にも、共にあずかることになる。

2、3節

ペトロが同僚の長老たちに勧めるのは、「あなたがたに委ねられている、神の羊の群れを牧しなさい」。「（羊の）群れ」をペトロは、通常の「ヘー　ポイムネー」ではなく、指小的接尾辞の付いた「ト　ポイムニオン」（小さな群れ）と敢えて表現している。長老たちが牧者としての責任を負っている群れが、きわめてマイノリティの立場に置かれている小さな教会であることを意識してのことであろう。迫害によって苦しんでいるのは、まさしく小さな群れなのであり、その群れを牧する長老たちは、それゆえの苦闘を強いられていることは明らかである。

「牧しなさい」と命じるだけでなく、ペトロはどのように牧するべきかを、三つの「〜ではなく・・で（メー……アッラ）」によって明示する。「強制されてではなく神に従う自らの意志で」、「恥ずべき利を貪るためではなく喜んで」「託されている人々に権力を振るうのではなく群れの模範となることで」。

苦境の中にあっても、牧者が常にどのような信仰と態度と意識を持って、与えられている職務を果たすべきかがはっきりと告げられている。この手紙の読者が、牧者と群れの関係においてどのような状況にあったかを、わたしたちは詳しく知る術を持たない。しかし、ここで言われている三つの勧告は、時と場を超えて、すべての教会に必要なことである。

4節

「大牧者（アルキポイメノス）」はキリストのこと。牧者がその職務を忠実に果たすことによって「消えることのない栄冠」が得られるのは、終わりの日に大牧者が現れるときであって、この世においてではない。物質的なものであれ、人間的なものであれ、牧者はこの世の富や称賛を求めて働いてはならない。牧者が委ねられている職務を、それらを獲得するための手段とするとき、たとえ世的な成功を得たとしても、牧者はやがて来る大牧者に対する申し開きが求められる。牧者は終わりの時の朽ちない栄冠を主ご自身から受けることを望んで、その職務に勤しむことを、ペトロは求めているのである。

5節

「同じように（ホモイオース）」は、長老に勧告を与えたように、という意味。「若い人たち（ネオーテロイ）」が教会の職務であったということではない。おそらく時代を超えて、若い人たちは権威に対する抵抗や反感を抱くものなのであろう。年長者や権力を持つ者が、若者たちに服従を要求する場合、それが正当なものであれ、不当なものであれ、若者たちにとっては抑圧である。それに対する反抗は若者の特権だが、それが共同体の秩序と健全さを壊すことに対しては、注意深くあらねばならない。現代よりも古代の方が、若者たちに対する権力による抑圧的支配はいっそう強かったし、文化的に当然とことと思われていたであろう。そう考えれば、ペトロの勧告は極めて抑制的である。「若者たち、長老たちに従いなさい」という命令の「長老たちに（プレスビュテロス）」は、年長者を意味するのではなく、やはり教会における職務としての長老への服従を求めていると考えるべきである。ペトロは若者対年長者の図式に基づいて、若者たちに年長者への服従を要求するのではなく、教会の指導者に従うことが求められる。指導者としての長老は、年長者の代理ではない。

続けてペトロは、「みんな（パンテス）」への勧告へと進む。「みんなお互いに謙遜を身に着けなさい」。求められているのは、誰もが互いに、自分を他の人よりも高く評価しないようにしなさいということ。そこには年齢、性別、身分の区別がない。「みんな」がそうでなければならない。教会は、この世の自己評価を持ち込んではならない。奴隷の主人は奴隷に対して謙遜でなければならず、夫は妻に対して謙遜でなければならず（すでに3・8で妻を尊敬すべきことが求められている）、年長者は若者に対して謙遜でなければならず、身分の高い者は低い者に対して謙遜でなければならない。世の常識的な自己理解、他人の評価を、教会に持ち込んではならない。教会はその意味で、きわめて対抗的共同体である。ペトロはこの勧告を箴言3・34に根拠付ける。この勧告が長老としての（ペトロの）勧告というだけでなく、神の判断基準に基づくものであることを強調するのは、教会の中で互いに謙遜であることが、どれほど共同体として重要不可欠かを示している。実際、この世の常識による人間評価が教会の人間関係に持ち込まれることは、よほど注意深くないかぎり、必ず起きることであり、そうなったとき、教会は神の民の群れであるにもかかわらず、この世の共同体と同じ問題に苦しむことになる。

6節

しかし、人間関係に目を向けて謙遜であれと要求されているのではない。自分と他の人の世的、人間的条件を比較していながら謙遜であろうとするのは、作為的でしかない。互いに謙遜であることは、「神の強い手の下にあって（ヒュポ テーン クラタイアン ケイラ トゥウ セウゥ）のことである。神の手の下では、人間的な比較は問題にならない。なぜ神の手の下にあっての謙遜を、互いに抱き合うべきなのか。その目的をペトロは述べる。「その時に、（神が）あなたがたを高めてくださるために」。終わりの日に高められる。それが信仰者の目標である。

7節

すべての思い煩いを神に委ねよという命令は、幾つもの詩編を思い起こさせると共に、「重荷を負う者はわたしのもとに来なさい」というキリストの言葉（マタイ11・28）を思い起こさせる。なぜ思い煩いを神に委ねることができるのか。「なぜなら、神があなたがたのことを心にかけているのだから」。

説教　たとえ小さくても神の羊の群れとして

イザヤ書40・3～5
ペトロの手紙一5・1～7

新約聖書には「手紙」が多くあります。パウロの手紙が七つ、パウロと関わりのある手紙が六つ、その他に八つの手紙があります。全部で二十一通。それらの手紙の全部ではないですが、多くは、手紙の最後に勧告の部分があります。「わたしはあなたがたに勧告する」。この言葉で始まる部分です。ペトロの手紙一も、5章1節からが勧告の部分です。ペトロはここで、「わたしは勧告する」と語り出します。日本語に訳すと、言語の特徴の関係で、最後の方におかれてしまいますが、原文では最初に来るのです。「そこで、わたしは勧告します」と。

勧告を語るのはペトロ。勧告を告げられる相手は、小アジアの北部地方、辺境の地である各地にいる、「離散している仮住まいの選ばれた人々」。その辺境の地というのは、1・1によれば、ポントス、ガラテヤ、カパドキア、アジア、ビティニアといった五つの地方。これらの地域にはキリスト教徒はわずかで、マイノリティ中のマイノリティでした。こうした教会の特徴を、ペトロはきょうの箇所5・2で、このように表現しました。「神の羊の小さな群れ」と。

小さな群れ。日本語聖書には「小さな」は訳されていません。だが、ペトロはここで確実にそう述べています。「小さな群れ」と。「羊の群れ」という単語は聖書によく使われます。「ポイムネー」というギリシア語。しかし、ここでペトロは敢えて、群れという意味のポイムネーの後ろに、指小接尾辞の「イオン」を付け加えて、この地の教会を「ポイムニオン」と表現しました。なぜでしょうか。それは、まだ教会が少なく、集う人も少ない、そんな時代にあってさえ、彼らは際だって小さい群れだったからです。ペトロが意識して「小さな群れ」と呼んだのに、それが日本語に訳されていないのは残念です。

非キリスト教徒が圧倒的に多数の社会で、ごく少数の人々が集う小さな群れ。そんな教会は社会の圧力や不当な攻撃や迫害に、どれほどさらされやすいことでしょうか。でも、そんな小さな群れであり、それゆえの困難や苦労はたくさんあるとしても、教会は教会です。そこには牧者がいます。そこには集っている信仰者がいます。その小さな群れの中には、奴隷がいて、奴隷の主人がいます。夫がいて、妻がいます。年配者と若者がいます。家族の中で一人だけキリスト者の人がいます。たぶん、身分の低い人とそこそこの人がいます。貧困者とまあまあ豊かな人がいます。そんな小さな群れの教会に、ペトロは今、勧告を与えるのです。

ペトロは教会の人々を三つに区分して、その区分に基づいて具体的な命令を告げます。最初に勧告を受けるのは「長老たち」。つまり教会の牧者たちです。最初に牧者に勧告が与えられるのは、教会は牧者次第で立ちもすれば、倒れもするからです。教会は牧者のものではありません。だが、牧者が教会の群れを養い、あるいは群れを追い散らし、あるいは群れを威嚇して支配します。ペトロは牧者に対して、具体的に三つの勧告を与えています。三つとも、「AではなくBで」という構図です。英語でいうところの、「not A but B」の構文。そのギリシア語版が、ここで使われています。「強制されてではなく、神に従う自らの意志で」「恥ずべき利を貪るためではなく、喜んで」「託されている人々に権力を振るうのではなく、群れの模範となることで」。これらの三つを簡単に要約するなら、教会の牧者に対してペトロは、「自ら進んで、喜んで、いばらないで」という三つを命じるのです。これはわたしの課題であり目標でもあります。わたし自身がそうできているかは怪しいですが、そうありたいとは、いつも願っています。

これまで、いろいろな教会の問題に向き合う中で、牧師のために教会が苦しんでいる場合、たいてい、この三つのどれかが問題でした。

二番目にペトロが勧告を与えるのは、「若者たち」に対してです。昔も今も、若者の特質は変わりません。抑圧や、権力や、既成の常識に反抗する。それが若者の特質であり特権です。反抗せず、言われたことに従順で、新しいことを求めない若者が増えるほど、社会は老人化してゆき、硬直化します。従順な若者が増えれば増えるほど、新しい変化が起きにくくなり、世の中は沈滞してしまいます。もし、今の政治や政治的指導者を、「他よりもましだから」とか「今のままでよいから」、あるいは「どうでもよいから」、といった理由で若者が支持するとしたら、世の終わりは近いのだと思います。ペトロがここで若者に求めているのは、若者が大人の既成概念に従うことではなく、教会の牧者である長老に従うことです。職務としての「長老」は、年齢には関係ありません。年若い長老もいるからです。教会が神の民の群れとして世を旅する、そのための指導者である長老に従うことは、荒れ野を旅する上でとても重要です。長老に従うことは全年齢がすべきことですが、ペトロが特に若者を取り上げるのは、権威や上からの指導に反抗することが、若者の特質だからなのでしょう。ただし、どんな長老すなわち指導者でも、従わねばならないというわけではありません。従うべき長老とは、自ら進んで務めを担い、喜んで職務を果たし、いばることをしない牧者のことです。

三番目にペトロは、「みんな」への勧告を与えます。「みんな」なのですから、教会の中のある人々ではなく、一部ではなく、全員に対する命令です。「みんなが、互いに謙遜を身に着けなさい」。謙遜を身に着けるということの意味は、誰もが互いに他の人よりも自分を高めないこと、他の誰をも、自分よりも低く見下さないことです。実は、これはものすごい命令です。この世の常識と、この世の在り方に対抗する、この世から見ればまったく異質な、おかしな共同体であれと命じるのですから。この世は人をどのような基準で評価するでしょうか。身分によって、地位によって、能力や才能によって、権力によって、そして現代はいっそう、経済力によってです。古代の世界もそうでしたが、現代も決して平等社会ではありません。世の中はいつの時代も、常に階級社会でした。現代も完全に超格差社会です。ペトロの時代の社会と現代の社会、格差の呼び名は異なり、身分の分け方は異なっているとしても、人が評価され格付けされ、上下のランクに仕分けされることにおいて、何も変わっていません。この世の常識に基づく評価づけに対して、ペトロはそうした区別をいっさい粉砕して、みんなに、全員に対して、互いへの謙遜を、すなわち自分を高く評価したり、他の誰かを低く見下すことなしに、同じ高さあるいは低さに並び合う、そのような互いへの謙遜を求めるのです。

かつて預言者イザヤは、未来の救い主到来の時に、何が起きるかを預言しました。「谷はすべて身を起こし、山と丘は身を低くせよ」。イザヤはその実現が神の栄光だと言いました。ペトロはその究極の対等性を、教会の姿として求めるのです。同じ教会に、奴隷と奴隷の主人がいました。奴隷の主人は奴隷に対して謙遜であれ。そうペトロは命じているのです。極端な家父長制と男尊女卑の世界で、夫は妻に対して謙遜であれと命じられます。身分階級制度の中で、高い身分の人が低い身分の人に対して、謙遜であれと求められています。身分や、経済力や、性別や、社会的地位や、年齢や、出自や、見た目や、健康か病人かに関係なく、みんなが、すべての人が、同じ人間同士として、互いに謙遜である共同体。それはあまりに、この世の社会の在り方とは異なります。だから教会の姿は、この世に対する対抗共同体の姿です。教会には解放があるはずですし、解放がなければいけません。たとえ世の中は変わらず、社会は抑圧的で差別的であるとしても、教会は自由を生きる共同体。それがペトロの求めていることであり、聖書が教える教会の在り方です。

そんなことが人間の思想でできるでしょうか。人間の理念で実現できるでしょうか。いいえ、たぶんできないでしょう。人間の平等とあらゆる均一化を求めて、歴史の中で革命がいろいろ起きましたが、その結果生じたのは、新たな身分の仕分けと、特権階級を生み出しただけですから。どうして教会はそれが可能だと言えるのか。その理由はただ一つ。ペトロが明らかにしています。みんなが、すべての者が等しく、「神の強い手の下にある」という事実です。神の強い手の下にあるなら、人間の間の上下や格差や違いなど、何の役に立つでしょうか。神の手の下ではみんなが平等な群れ。それが教会です。教会の規模が問題なのではありません。たとえ小さくても神の羊の群れとして、教会はそこにあります。わたしたちのこの小さな群れも、ここに、この地に存在しています。神の羊の群れとして。

（2020,3/29）

5・8～11

8節

手紙全体の締めくくりとして、ペトロはこれまでの「忍耐する」「服従する」「ゆだねる」といった、消極的な命令から踏み出して、強い語調で信仰的な生き方への指示を告げる。最初に二つの命令が、アオリスト命令法で告げられる。「しらふでいなさい（ネープサテ）」、「目覚めていなさい（グレーゴレーサテ）」。どちらも終末の近さと関係する命令である。不意の主人の帰宅、また花婿の訪れを待つ乙女のたとえを連想させられる命令だが、ここでは悪魔への警戒と関連付けられている。「あなたがたに敵対する悪魔が、吠え猛るライオンのように、だれかを飲み込もうと徘徊している」。飢えて獲物を探し回るライオンをイメージさせることによって、身近に迫る悪魔に対する用心と警戒を喚起する。ここではペトロは具体的な危険が何かを語ることはしない。信仰者に敵対する悪魔の恐ろしさを軽視することは致命的な誤りであることを示すことに主眼が置かれている。

9節

前節の「悪魔」を関係代名詞「ホー」で受けて、「信仰に堅く立ってこの者に対抗しなさい（アンティステーテ）」と命じる。この命令はこの手紙の受取人だけの孤独な体験ではない。同じ苦しみは世界にいる彼らの兄弟たちにも降りかかっているのを、彼らは知っているからである。ここでペトロは、小アジアの辺境の地にいる信仰者が、自分たちの体験だけで意気消沈させられることがないよう、世界各地の信仰者と同じ体験であることを示す。全教会的な、苦難においての連帯を思い起こさせている。もしこの手紙の読者が、他の地域にある諸教会の情報が届きにくい地方の教会であったとすれば、自分たちに降りかかる苦難に驚き、信仰が揺り動かされることにもなったであろう。すでにペトロは4・12で「あなたがたを試みるために身に降りかかる試練を、何か思いがけないことが生じたかのように、驚き怪しんではなりません」と告げている。彼らに起きている苦難は、特殊な出来事なのではなく、信仰のゆえに当然起きる試練であり、世界の信仰者すべてが共通して体験していることであることを、ペトロは読者に思い起こさせる。

10節

いま彼らが体験しているように、試練は必ず訪れ、避けることはできない。もしそれだけであれば、信仰者はただひたすら耐え忍ぶしかない。だが、ペトロはここで、そうではないことを読者に告げる。苦しみに遭っていることは事実である。「しかし（デ）、すべての恵みの神は」と、苦しみを覆す神へと言葉を進めたペトロは、神についてさらに、このように付加する。「（イエス）

キリストにおいてあなたがたを永遠の神の栄光へと呼び入れてくださった方が」と。そしてここで「少しの苦しみの後、この方（アウトス）が」してくださる四つの恵みを告げ知らせる。「回復させ（カタルティセイ）」、「堅く立たせ（ステーリクセイ）」、「強くし（スセノーセイ）」、「土台の上に立たせ（セメリオーセイ）」てくれる。これら四つの動詞に固有の意味があるというよりも、神がいかに信仰者を守り支えて、揺るがないようにしてくださるかを強調するための重複であろう。

11節

「この方に世々に亘って力がありますように、アーメン」（直訳）。4・11に続く、二回目の頌栄である。これをもってペトロの手紙一の本文が終わる。「力（ト クラトス）」が世々に亘って神にあるようにという表現は、しかし、通り一遍の終わりの言葉とみなすべきではない。ペトロは手紙全体の締めくくりとして、明らかにこの世の権力者、特にキリスト者を迫害する者たちが力を我が物として振るっている事実を念頭において、真の力の保有者は世々に亘って神であることを宣言している。この世の支配者が一時的に力を我が物として振るっているとしても、彼らの支配は一時的なものにすぎず、彼らの支配は過ぎ去る。「草は枯れ、花は散る」。しかし、神の支配は永遠に変わることがないことが、最後に高らかに宣言されている。

説教　大いなる「しかし」を掲げてわたしたちは生きる

哀歌3・19〜27
ペトロの手紙一5・8〜11

きょうは「しゅろの日曜日」。教会にとって特別な記念の日です。イエス様が人々から称賛された日、そして同時に受難週と呼ばれる、イエス様の苦難と十字架の死が起きた、その一週間の始まりだからです。栄光と苦難。正反対の二つの意味が込められています。

イエス様はガリラヤ地方と呼ばれる、ユダヤ北部の辺境の地で生まれ育ち、そこで宣教の働きを始めました。最初に福音を告げ知らされたのがこの地で、おそらく二年ほどでしょうか、ガリラヤ地方で弟子を集め、各地をまわって人々に福音を告げ知らせ、やがて時が来ると心を定めて、ガリラヤを離れ、都エルサレムへと向かいました。そこは、イエス様を批判し攻撃してきた、そして命を奪おうと狙う、神殿の祭司や律法学者の拠点です。そこには神殿の最高権力者、ユダヤの地の支配者たちがいます。その場所に行くことは、イエス様にとって最後の闘いです。権力者たちは暴力を用いて、イエス様を殺害して排除しようとしますが、イエス様の方は非暴力で、愛と憐れみを生き、神の義を説く闘いです。

エルサレムはイエス様にとって、特別な場所でした。そこが地上での生涯の最後の場所、そして苦難を受ける場所になることを知り、また弟子たちに予告していたからです。

エルサレムは城塞都市です。堅固な城壁に囲まれた城であり、その中に町も神殿も宮殿もあります。そのため、イエス様のエルサレム入城とも言われます。大勢の人々が町の外で待ち構えて、「ホサナ、ホサナ」と歓声を上げ、しゅろの葉を振って迎えるのです。イエス様はといえば、なんと奇妙な格好でしょう。子ロバの背中にまたがって、城門への道を進んでゆきます。子ロバがかわいそうですか。たしかに、大人を乗せて重かったでしょうね。イエス様が子ロバのことを気にしたか、気にしなかったかはわかりません。でも、少しの間だけロバに我慢してもらい、どうしても表したいことがあったのです。それは、英雄の姿として入城するのでなく、平和の主、戦わず争わない王、子ロバに乗るメシアの姿を示すことでした。昔の預言者がそう予言していたからです。

日曜日に大歓迎してイエス様を迎えた群衆は、しかし、それからわずか数日後に、態度をすっかり変えて、裁判の席で十字架につけろと叫ぶのです。なんと人の心は気まぐれで、いとも簡単に移ろうことでしょうか。人は大抵の場合、自分の願望を満たす人を支持して熱狂します。ドイツでヒトラーが熱狂的に歓迎される映像が、たくさん残されています。豊かさ、成功、安心、自分の国家の栄光、それらを約束する指導者が支持を集めます。願望の実現を約束する教祖や宗教が人を集めます。人々が熱心に祈るのは願い事を祈る時です。その期待がはずれると、人々は一転して罵り、攻撃し、反対を叫びます。イエス様が富ともうけを約束すればよかったのに。ユダヤの繁栄と栄光を叫べばよかったのに。支配と権力をもたらすと言えばよかったのに。だが、イエス様が人々に説いたのは、敵を愛せ、憐れみ深くあれでした。この世の国を樹立することではなく、正義と公平に満ちた神の国が来ることでした。だから人々はイエス様を罵り、イエス様に悪意を抱き、十字架につけてしまえと叫びました。十字架につけられたのはイエス様。しかしイエス様を十字架につけた人々は、そこで同時に、イエス様の説く愛と憐れみ、神の義と罪の赦しを十字架につけました。愛ではなく権力を守ることの方が、憐れみではなく支配を続けることの方が、この世にとって大切だということの証明が、イエス様の十字架でした。公平ではなく貧富の格差こそが、この世の秩序だという現実、神の法則よりも人間の欲に基づく法則が、この世界で人々の求めるものだという現実。それがイエス様を十字架につけることで、この世界に顕わにされたのです。

この十字架こそ、この世界が悪の力に支配されている証、この世界の悪が神の愛と正義に勝ったことの、勝利宣言です。十字架を見上げるとき、わたしたちはそこにキリストの苦難と、キリストの犠牲による罪の赦しを見ます。しかし同時に、わたしたちは主キリストの十字架に、この世の悪がいかに力強く、正義と愛と憐れみを食い殺すかという、その事実をも見せられます。ペトロはこの世界の現実を、こんな恐ろしい表現で描写しました。「悪魔は吠えたけるライオンのように、餌食を求めて徘徊している」。うかうかしていれば食い殺されます。生き延びるためには、悪魔の仲間になるべきでしょうか。そうすれば生き延びるどころか、この世での繁栄や成功も得られるでしょう。かつてイエス様を試みた悪魔が、イエス様を誘惑して言ったように。「わたしを拝めば、全世界をあげよう」。逆もなりたつのでしょう。わたしを拝まなければ、あなたは多くを失うでしょうと。この世界で悪魔の仲間にならないで生きる、それは悪魔とその勢力を敵に回すことです。だから、キリストを信じてキリストの仲間になるなら、悪魔の仲間になることを拒むことです。キリストを信じて生きるなら、この世では苦しみを避けることはできません。しかも、キリストを信じる人は、この世で二重の意味で苦しみを体験します。一つは、まさにその信仰のゆえに、世と世の人々から不当な苦しみを受けるでしょう。たとえば、変な人だと思われ、付き合いの悪い人だと言われ、仲間はずれにされるかもしれません。世の中がもっと悪くなって、国全体が全体主義やポピュリズムに支配され、仲間に加わらないキリスト者を攻撃し、排斥するようになるかもしれません。わたしたちは神の祝福と幸いを願い求め、神に祈り信頼しています。それなのになぜ、その信仰のゆえに苦難を受けるのか。その疑問がつきまとうことでしょう。

ペトロの手紙の読者は、まさにその問題に苦しんだのですから。神を信じ、イエス様の愛と憐れみを生きたら、どうして苦しみにさらされるのかと。だからペトロは彼らに書き送りました。「あなたがたを試みるために降りかかる試練を、思いがけないことのように驚き怪しんではなりません」と。むしろ、信仰ゆえの試練はあるものなのです。神を信じた結果が苦しみだとしたら、信仰に何の甲斐があるというのでしょうか。信仰のゆえに罵られ、人々から悪意を向けられ、時に弾圧や迫害にさらされる。それはキリスト教の歴史でもあります。今も程度の差こそあれ、今も世界で現実です。

またもう一つの苦しみは、信仰があるゆえにかえって、神の善と正義への疑いが生じて、それゆえに苦しむことがあることでしょう。神が善であり正義の神であるなら、なぜ信じる者に苦難が来るのかという問いです。神を知らず、神を信じていなければ、こんな疑いの闇に包まれはしなかったでしょう。神を信じ、神に信頼しているのに、どうして不幸や病が襲いかかってくるのか。この疑問が信仰者を苦しめ、戸惑わせ、時には信仰を失わせることになりかねません。

ペトロはこの第一の手紙で、最初からキリスト者に「忍耐」を説き、「義のために苦難を受けるのは幸いだ」となかなか受け入れがたい言葉を告げます。わたしたちは苦難や試練に遭ったなら、ひたすら耐え忍び我慢して、苦渋に満ちて生きるしかできないのでしょうか。たしかに、苦しみは現実に起きます。わたしたちも苦難の時を体験することでしょう。でも、わたしたちが信仰を抱いているかぎり、それだけで終わることはない。その事実をペトロは、とても力強いギリシア語二文字で表現しました。デルタとエプシロン。発音すれば「デ」という一音だけの短い単語で。日本語に訳せば「しかし」「だが」。これほど強力な一音はありません。なぜなら、ペトロは苦しみや試練の現実、悪魔がライオンのように吼えながら、犠牲者を捜し回る様子を語った後で、続けて、「しかし」を置くからです。悪魔が徘徊している世界で、苦しみや試練は現実です。「しかし」、その先に未来がある。そうペトロは宣言するのです。

しかし、しばしの苦難の後、神が永遠の栄光へと、わたしたちを招いてくださる。苦しみや試練は現実にある。しかし、それで終わらない。神が、永遠の神の栄光へと招いてくださる。それがこの「しかし」に続く、わたしたちの終着点です。それが、キリストが十字架で終わらず、死からよみがえられたことの意味です。ペトロが使徒言行録で説教したとおりです。「あなたがたはイエスを十字架にかけて殺した、しかし、神はイエスをよみがえらせた」。この世で生きる中で、常にこの大いなる「しかし」を掲げて、わたしたちは生きているのです。

（2020, 4/5）

12節

「わたしは簡潔に書いた（ディオリゴーン　エグラプサ）」と手紙そのものについて述べているとおり、最後の挨拶もごく簡潔に記述される。しかし、簡潔さの中に、ペトロはこの手紙全体の意味をまとめている。

ペトロは「シルワノをとおして」手紙を書いたという。その意味はシルワノが秘書として口述筆記をしたということではなく、シルワノをとおして手紙を届けるという意味であろう（ＥＫＫ p.332-5）。シルワノは二コリント1・19、一テサロニケ1・1でパウロが同労者として言及している。使徒言行録ではシラス（シルワノのギリシア名）として15〜18章に登場する。シルワノとペトロの関係ははっきりわからないが、シルワノの名は手紙の受取人が住む辺境の地でも知られていたはずである。ペトロは名の知られたシルワノを手紙の伝達者として遣わすことで、この手紙の信憑性を示そうとしている。シルワノについてペトロは「忠実な兄弟の」と描写し、すぐに続けて「わたしが思うに」と付加している。

ペトロはこの手紙をなんのために書いたのか。その目的を自らこのように要約して最後に告げる。「これこそが神の真の恵みであることを勧告し証して」書いたのだと。ペトロはこの言葉によって、この手紙全体の意味を明らかにしている。信仰ゆえの苦しみそのものが、神の恵みだということである。恵みとはなにか。その通俗的な理解が根底から問われ、覆される。恵みとは幸運や成功を意味しない。キリストの苦難にあずかっている事実を、キリストゆえの苦難を受けることで確証することである。

それゆえ、「その（恵みの）内に堅く立ちなさい（エイス ヘーン ステーテ）」。これは苦しみを耐え忍んで、喜んでキリストの苦難にあずかりなさい」と命じることと同義である。そのように、心を定めて苦しみを耐え忍ぶことができるのは、未来の永遠の栄光への望みがあればこそ、である。

13節

「共に選ばれたもの（ヘー スネクレクテー）」という女性名詞は、おそらく間違いなく、女性名詞である教会を指している。「共に選ばれてバビロンにいる人々と、私の子マルコが、（あなたがたに）よろしくと言っています」。バビロンはしばしば帝国の都ローマの隠喩として用いられているので、ペトロはバビロンにいることを示唆しているのであろう。二世紀はじめのパピアスが、マルコはペトロの通訳であったと証言している（エウセビオス『教会史』）。「わたしの子マルコ」という表現は、ペトロがマルコを改宗させて洗礼を授けたという意味であろうか。いずれにしてもマルコも、この手紙の宛先の教会で広く知られている人物であったに違いない。

14節

「愛の口づけをもって（エン　フィレーマティ　アガペース）」互いに挨拶を交わすことは、この時代の親愛のしるしであった。互いに挨拶を交わすことを命じているのは、この手紙が教会の集会で朗読されることを前提としてのことである。

最後に簡潔な祝福で、この手紙は終わる。「キリストにあるあなたがた一同に、平和があるように」。「キリストにある（エン　クリストー）」というパウロが好んで用いた表現が最後に置かれているのは、キリストにあることこそが、この世界での苦しみや試練という現実を上回る大きな現実だからである。「キリストにある」という事実が、信仰者にすべての苦しみや試練を耐え忍んで、未来の望みをしっかりと抱かせる根拠である。今わたしはキリストの内にある。その確信が信仰者を支えるのであり、今キリストと結ばれているのだから、たとえ苦しみや試練の中にあるとしても、ペトロは平和の祝福をもって、辺境の地で生きるキリスト者をこの世の生活へと送り出すのである。

説教「キリストと結ばれている恵み」にとどまる

申命記10・12～13
ペトロの手紙一 5・12～14

皆さま、復活祭おめでとうございます。主キリストのご復活を心から喜び、きょういっしょに祝いたいと思います。キリストは人々に福音を宣べ伝え、愛と憐れみ深さを表す生涯を生き、その教えのゆえに捕らえられ、十字架につけられて死に、よみに降り、ペトロの言葉を借りるなら、「死んだ者にも福音が告げ知らされ」、三日目に死者の中から復活なさいました。主キリストはよみがえられた！

二千年の昔に起きた、このキリストの出来事が、わたしたちと何の関係があるでしょうか。なぜ昔の聖者の話というだけでなく、あるいは、たとえキリストが神の御子だったとしても、はるか昔に起きた出来事が、なぜ時代を越えて全人類と関わりがあり、今のわたしたちひとり一人と、いったいどのような関係があるのでしょうか。この疑問への答えはひとえに、「キリストと結ばれている」という、その事実にかかっています。

もしわたしたちがキリストと結ばれていないなら、たしかにキリストの出来事は昔話でしょう。しかし、もしキリストと結ばれているのなら、話はまったく別です。キリストの苦難と死、そして復活は、キリストの身に起きた出来事であると同時に、わたしたちの身に起きる出来事でもあるからです。わたしたちはこう信じます。わたしたちはキリストと結ばれているゆえに、わたしたちはキリストと共に死に、キリストと共によみがえらされると。

キリストと結ばれている。そのきずなは物理的な繋がりではありません。目に見えない、霊的な、信仰のきずなによる繋がりです。信仰のきずななどただの思い込みで、確かめようのない不確かなものだと、皆さんは思われるでしょうか。いいえ。ほんとうに確かで大切なものは、目には見えないものです。たとえば愛。愛によって結ばれている確信の方が、役所に提出した婚姻届という見える紙よりも、はるかに力強く明確に、夫と妻のきずなを確かなものにします。わたしたちは見えるものにではなく、見えないものに目を注ぎます。キリストを信じること。その信仰のきずなが、わたしたちとキリストをつなぐのです。わたしたちがキリストを信じるなら、わたしたちの生涯はキリストと結ばれ、キリストと共に生き、キリストと共に死ぬ生涯です。キリストを信じるなら、キリストと共によみがえらされると信じます。神の御子キリストが天から地に降り、福音を宣べ伝えて地上を旅する者となり、その生涯を十字架の上で終え、しかし、それで終わることなく、神によってよみがえらされ、天に昇り、いまも天におられるように、わたしたちもキリストと共に生き、キリストと共に天の故郷を目指す旅人として、この地上の生涯を歩んでいます。

一ペトロからの説教を、昨年の一二月一日から続けてきました。きょうが最後です。この手紙全体を通してペトロは、キリストと結ばれている者は、キリストと共に、天の故郷を目指して世を旅する旅人とされたのですと、わたしたちに教えています。わたしたちはキリストと共に生き、キリストと共に復活させられる望みを抱いて、この地上の生涯を旅しています。ペトロは、それこそが神の恵みであることを、わたしたちにはっきりと告げ知らせてくれます。

この地上の生涯をキリストと共に生きるとは、どのようなことでしょうか。それは、共におられるキリストの愛を信じ、わたしたちもキリストの愛を生きることです。それは、共におられるキリストの憐れみを受け、わたしたちも憐れみ深く生きようとすることです。それは、神の国と神の義を第一に求めよとの、キリストの声をいつも身近に聞いて、神の義を生きることです。それは、この世の何かを一番大切なこととして、わたしたちが追い求めるのではなく、天にこそ朽ちることのない豊かさがあると信じて、この世を旅人として生きることです。

そのような生き方がどれほど、この世の価値・称賛・利益と異なることか。どれほど人々から不思議がられ、奇妙に思われ、危険視され、憎まれることか。その究極の証が、キリストの十字架です。愛を求め、憐れみ深さが神の裁きの量りだと説き、敵を愛し、憎むもののために祈れと教えたために、キリストは十字架で殺されたのですから。

ペトロの時代、キリストを我が主、我が救い主と信じる人々は、その信仰のゆえに不当な苦しみを強いられ、悪者扱いされ、迫害されていました。ペトロの時代はもちろん、いつの時代も、人々は神の恵みを求めてキリストを信じました。わたしたちだってそうです。でも、神の恵みを受けているはずなのに、どうして苦しみに遭うことになるのか。それがキリスト者を苦しめる疑問でした。なぜか。その理由ははっきりしています。ほとんどの人が神の恵みを、安全、繁栄、成功、幸運のことだと考え、その身に悪いことや不幸が起きないように、そのために神を信じているからです。人々はそのために神に祈り、神に犠牲を捧げ、礼拝し、神からの幸福を期待してきました。それなのに、神を信じたら逆に苦しみに遭うとは、いったいどういうことでしょうか。こうした疑問を抱いて悩む、はるか東方の僻地に住むキリスト者に、ペトロは神の恵みとは何かを、あらためて思い起こさせたのでした。

神の恵みとは、幸運のことではありません。神の恵みとは、キリストと結ばれていることです。それがペトロの手紙の核心部分です。世の多くの人々が神の恵みと信じるものは、どれも朽ちて失われるものにすぎません。きょうは栄えていても、明日は枯れてしまう。きょうは持っていても、明日には失われてしまう。そのようなものにすぎません。きょうは元気だからといって、一年後も元気だと誰が保証できるでしょうか。キリストを信じているかいないかに関係なく、わたしたちには苦労も挫折も禍も病も訪れます。しかも、キリストを信じているのであれば、むしろそのことのゆえに不利益や苦しみがある。ペトロはその事実をわたしたちに示します。

ペトロは、しかし、その先を告げます。キリストのゆえに苦しむのなら、その苦しみを耐え忍ぶだけでなく、むしろ喜びなさいと教え励まします。なぜなら、キリストのゆえに苦しむことは、わたしたちがキリストと結ばれている証拠であり、キリストと結ばれている恵みを生きていることとの、もっとも確かな証だからです。キリストと結ばれて、キリストと共に世の旅を仮住まいの身として歩み、キリストと結ばれて、キリストと共に復活の望みを抱いて生きる。「この恵みにしっかりと踏みとどまりなさい」。ペトロはそのようにわたしたちに命じて、わたしたちを世の旅へと送り出すのです。「キリストと結ばれているあなたがた一同に、平和があるように」と、平和の祝福を与えながら。

（2020, 4/12）

あとがき

本書は既刊の『エフェソ書を読む』に引き続き、本文の釈義と釈義に基づいた説教を組み合わせています。聖書は原則として聖書協会共同訳を用いています。ペトロの手紙一は短い手紙ですが、内容はとても魅力的で、神学的な冒険と挑戦に満ちています。できるだけ簡潔かつ丁寧に釈義をおこない、それを根拠とした説教を心がけました。一ペトロ書で特に心を動かされるのは、その時代の信仰者に対する大胆な倫理的勧告の部分です。本書をとおして一ペトロ書の魅力を共有していただけるなら、なによりです。釈義の部分は、礼拝前に持たれている三十分ほどの聖書の学びの時間で、学びに参加してくださっている方と分かち合ってきました。この時間もまた、わたしにとって楽しみなひとときでした。

本書の出版にあたって、日本ナザレン教団小山教会の皆さまに心から感謝します。説教は説教者と会衆が共同で形作るものであることを、一ペトロ書の説教をとおして改めて実感させられました。わたしのライフ・パートナーであり共同で牧会を担ってきてくれた摂子に感謝します。本書の出版をお引き受けくださった、新教出版社の小林望氏に心より感謝します。

このささやかな著作が、読者の皆さまにとってなにがしかの益となるならば、何よりの喜びです。

二〇二三年四月二〇日　小山ナザレン教会付属館の書斎にて

石田　学

著　者　　石田　学（いしだ　まなぶ）

1953年、小田原市生まれ。シカゴ大学大学院、ウェスタン神学大学（Th.M. 新約聖書、D.Min. 組織神学）で学ぶ。現在日本ナザレン教団無任所牧師、日本ナザレン神学校講師、日本聖書協会理事長。著書：『平和を生きる』（日本ナザレン教団社会活動委員会）、『日本における宣教的共同体の形成　使徒信条の文脈的注解』『エフェソ書を読む　釈義と説教』（新教出版社）、『詩編を読むために』（共著、日本聖書協会）。訳書：E. グッドスピード『古代キリスト教文学入門』（教文館）、フスト・ゴンサレス『キリスト教史』上下巻（下巻は共訳）『キリスト教思想史』Ⅰ、Ⅱ（新教出版社）

第一ペトロ書を読む
釈義と説教

2023年5月25日　第1版第1刷発行

著　者　石田　学

発行者　小林　望

発行所　株式会社新教出版社
〒162-0814 東京都新宿区新小川町9-1
電話（代表）03-3260-6148
http://www.shinkyo-pb.com/

印　刷　モリモト印刷株式会社

 ISBN 978-4-400-12722-2　C1016

石田　学

日本における宣教的共同体の形成
使徒信条の文脈的注解

西欧キリスト教の正と負の歴史的遺産を見据えた上で、日本の天皇制的精神風土の中で使徒信条を告白することの射程を徹底的に問う。　四六判　２０９０円

J・ゴンサレス
石田　学訳

キリスト教思想史 I
キリスト教の成立からカルケドン会議まで

多様な思想の成立と展開を、礼拝共同体という場、および社会という背景から重層的に読み解く。思想史家としての著者の主著。全3巻。　A５判　５５００円

J・ゴンサレス
石田　学訳

キリスト教思想史 II
アウグスティヌスから宗教改革前夜まで

中世とは夜明けか夕暮れか？　中世思想史を機微に至るまですくい上げながら、そのダイナミズムを見わたす大きな展望を鮮やかに与える。　A５判　５５００円

J・ゴンサレス
石田　学訳

キリスト教史　上巻
初代教会から宗教改革の夜明けまで

定評ある通史。エピソードを追って説き進めながらキリスト教史上の重要人物の生涯や思想、教会と国家の格闘などテーマを簡潔に解説。　A５判　６２７０円

J・ゴンサレス
石田　学
岩橋常久　訳

キリスト教史　下巻
増補新版　宗教改革から現代まで

下巻は近代世界の形成の中でたどった激動の歴史を詳述。変化する社会的文脈の中で信仰のかたちが多元化・多様化する状況を活写する。　A５判　６４９０円

表示は10％の税込定価です。